INTELIGENCIA EMOCIONAL

NESKA

Querido Javier:
gracias por permitirme
caminar conmigo

Neska

INTELIGENCIA EMOCIONAL
NESKA

Los secretos de una mente en equilibrio.
Cómo dominar el Diálogo Interior.

KATIA MEDELES PADILLA
"NESKA"

www.artgerust.com

ISBN Papel: 978-84-16201-42-6
ISBN EPUB: 978-84-16201-43-3

Produce: Gerüst Creaciones S. L. *(www.artgerust.com)*

Construye en tu mente,
edifica con tus acciones,
consolida con amor,
recuerda que naciste para el éxito
y que tu mundo interno te cuida.

Neska

EL MAESTRO

En la distancia el Maestro observaba a aquel hombre, su caminar lento, su mente perdida en el pasado, sus sonrisas robadas por desengaños. La mirada cansada de ver una y otra vez lo que no quería, sus oídos ensordecidos de palabras tristes, de gritos absurdos, y su alma fragmentada por ser lo que los demás decidieron que tenía que ser.

Él percibe desesperación y un dolor tan profundo que piensa que nada lo puede cambiar. El Maestro le dijo:

—Caminante, se hace camino al andar.

El caminante contestó:

—Ya camino, pero no avanzo, no sé qué pasa que siempre regreso al mismo lugar.

A su respuesta, el Maestro comentó:

—Existe una solución para cambiar tu vida.

Con una mueca de desesperación por callar sus miedos, el caminante preguntó:

—Dime, Maestro: ¿Qué tengo que hacer?

—Es sencillo —contestó el Maestro—. Tú tienes la llave para acceder a esa nueva realidad, yo no puedo ir contigo a ese lugar, solo te puedo acompañar hasta el umbral.

El caminante asombrado contestó:

—¿No puedes acompañarme?

—No, no puedo, la llave está en tu corazón y solo tú tienes acceso a ella, bríndame unas respuestas, que de ellas depende que puedas abrir la puerta de la ilusión y despertar del sueño mal interpretado que llamas vida.

Así que el Maestro preguntó:

—¿Hasta cuándo, hasta dónde, qué más estás dispuesto a soportar?

Se formó un silencio incómodo que sacudió los cimientos de su alma, ya que estaba tomando consciencia de que las respuestas ya las había escuchado salir de su boca, en forma de reproche, mas no pensó que esas respuestas fueran la llave del cambio.

El caminante actuaba desde la interpretación de lo que esperaba el mundo de él, y no de lo que necesitaba para su vida.

—Salta al vacío —le dijo el Maestro— y abre la puerta, no tengas miedo, ten más miedo a vivir lo que estás viviendo, arriesga lo que eres por descubrir lo que puedes llegar a ser, da ese salto cuántico que cambiará tu vida.

El caminante pensó en sus palabras y decidió lanzarse, no sabía qué era lo que se encontraría, pero sí sabía que lo que estaba padeciendo no lo quería más en su vida.

«Caminante, solo se hace camino al andar.»

AGRADECIMIENTOS

Tengo que agradecer tanto y a tantas personas que podría ser el libro del agradecimiento, mas voy a empezar dando gracias a la vida y a las circunstancias, que han sido las que han determinado que pudiera escribirlo.

A mis padres, que siempre han creído en todos los proyectos que he realizado; en algunos he fracasado, mas ellos han estado siempre ahí para darme su apoyo y amor incondicional.

Padre, gracias por enseñarme el valor de respetar y defender mis ideales, de ti aprendí el sentido de la palabra libertad y compromiso de igualdad con todas las personas.

Madre, gracias por tu amor, por tu entendimiento sin juzgar en todos los pasos que he realizado, me has visto caer, sufrir, llorar, y has estado ahí para darme tu mano y levantarme, a pesar de que había cosas que sé que no entendías, jamás me juzgaste.

A mis queridas hermanas, Eva, Alma, Gina y Nashieli, que en la distancia con sus palabras han fortalecido mi alma para continuar y nunca rendirme.

A mis amigos y compañeros de sueños e ilusiones, Ericka, Míriam, Mila, Ruby, Angie, Victoria, David, Jordi Giné y Pere Schell, que han confiado en mi trabajo y han aportado horas de compromiso y dedicación para que esto fuera posible.

A Iliana, Yanelis, Mónica y Manoli, por su amistad incondicional en todo momento.

A Miguel, que en la distancia y en silencio has estado ahí.

A mis queridos pacientes y alumnos, por todas las lecciones compartidas, cada uno de ustedes ha traído un regalo a mi vida lleno de aprendizaje y crecimiento. Los momentos que hemos vivido en horas de trabajo están reflejados aquí. De cada experiencia he generado recursos que he utilizado para pulir y dar sentido a este Modelo de Inteligencia, en el tiempo he realizado una integración de todos los conocimientos de profesionales y las suyas, dando como resultado una nueva y diferente forma de interpretar la vida.

A mi querido Ángel, que trajo música a mi vida y fue quien me brindó la experiencia para poder confirmar e integrar la última pieza que me faltaba.

A Rubén, que me brindó el regalo más grande, mis hijos.

A mis hijos, Braulio y Daniela, que me han dado la fuerza para continuar, sus sonrisas y palabras han alentado mi espíritu para no claudicar. Y también a **Vicent** y a **Ares**, que forman parte de mi familia.

Y a mi querido esposo, José María, que a pesar de todos los inconvenientes vividos me ha demostrado el significado del amor verdadero.

PRÓLOGO

Es un prólogo diferente, he pedido a mis pacientes y alumnos que me ayudaran a realizarlo; normalmente esta parte del libro la escriben personas importantes que validan tu trayectoria profesional y le dan un sentido a lo que aquí está escrito, aunque yo he pensado que los protagonistas de esta historia son ellos, son quienes realmente se han encontrado con cambios después de trabajar con este modelo de inteligencia.

Sus comentarios nacen desde lo que eran sus vidas y lo que son hoy, te pido respeto para cada uno de ellos, ya que son personas de a pie que me han regalado unos minutos de su tiempo para compartir contigo su visión clara y conjunta de sus resultados.

Muchas gracias por compartir con nosotros una parte de sus vidas.

Un nuevo panorama del mismo paisaje, así es como defino mi vida el día de hoy comparada a lo que fue en el pasado. Hoy lleno de luz, de belleza, de calma y acción.

En la búsqueda interminable de la buena fortuna, la salud, el amor, la tranquilidad, la armonía, en una palabra, la FELICIDAD; mi camino llegó a NESKA y su afortunado trabajo. Las piezas tomaron forma, pude identificarlas, y con una rapidez sorprendente pude ponerlas en su lugar. El cambio es rápido, indoloro y fácil. La magia está en mí.

Solo puedo hablar de cómo soy hoy, de antes de ello ya casi no tengo recuerdos. Hoy soy amiga de mí misma, me acepto, me amo, me respeto, hoy practico la verdadera responsabilidad de ser. Soy dueña de mis pensamientos, mis emociones, mis acciones. Lo que funciona, funciona muy bien gracias a mí. Lo que no anda, también es así gracias a mí. Lo sé y estoy en paz con ello. No hay nada ahora que yo TENGA QUE hacer; lo que hago, lo hago porque así lo he decidido.

Hoy el miedo es una emoción que trabaja en armonía con todo lo que soy, no gobierna, no decide, no paraliza. Hoy las sorpresas llenan mis días porque las expectativas no me dominan, los juicios no me atan. El amor y el respeto me han liberado. La mejor parte es que todo eso se ha desbordado y sale de mí para los demás; provoca sinergia y todo cambia. Todas las personas caben en mi mundo porque en él prevalecen el amor y el respeto.

En este libro encontrarás las herramientas que requieres para moldear tu vida, a tu gusto, a tu manera, a tu necesidad. Encontrarás nuevos conceptos que te liberarán de las viejas creencias que te han limitado. Vas a descubrir que posees herramientas que tal vez ni sospechabas que las tenías, y lo mejor de todo es que sabrás cómo utilizarlas para lograr la magia.

Estoy agradecida porque este libro haya llegado a ti para que tú, como yo, puedas brindarte una vida sin límites; para que descubras que cambiando tú cambias el mundo. Esta es una obra sencilla, divertida y extremadamente práctica. Cosas simples que le quitarán lo complicado a tu vida.

Recibe la bienvenida a un universo paralelo donde eres lo que quieres ser, dirigido por tus valores fundamentales; dando y recibiendo a manos llenas. Un universo en el que vives con pasión y disfrutas cada instante, porque sabes que cada momento trae experiencia y aprendizaje. Bienvenido a ese lugar donde todos los sueños son realidades en potencia.

Bienvenido a otro panorama de tu mismo paisaje.

Ericka Chávez
Acapulco, Guerrero. México

¡Hola! Mi nombre es Míriam y, antes que nada, quiero felicitarte por tomar la decisión de leer este maravilloso libro. No nos conocemos, pero sé que, cuando termines de leerlo (si algún día nuestros caminos se cruzan), nos reconoceremos. Te preguntarás por qué. Es muy fácil: verás la vida desde el otro lado, como lo hago yo. Y quienes vivimos desde esta nueva perspectiva tenemos otra forma de enfocar la vida, de tomar decisiones, de hacer, de ser, de amar, de actuar... Y quienes funcionamos así nos reconocemos porque somos diferentes, ni mejores ni peores. Este libro estoy segura de que marcará un antes y un después en tu vida, como me sucedió a mí cuando tuve la oportunidad de poder hacer un curso de Inteligencia Emocional con Neska. Mi vida cambió. Di un giro de 180 grados a mejor. Icé las velas de mi nuevo rumbo. Vi mi vida desde las gafas del respeto y, sobre todo, le di un pulso a mi ego y le gané. Este libro me gustaría que lo leyeras habiendo vaciado antes ese vaso de saber llamado mente; para que dejes entrar todo lo nuevo que estás por descubrir y por integrar. Quiero agradecerte desde aquí, Neska, todo el aprendizaje que me has enseñado, siempre basado en el respeto y en la humildad. Quiero agradecerte también que hayas estado allí cuando más lo he necesitado, quiero agradecerme a mí misma el permitirme recibir este regalo.

Te quiero.

Míriam Alsina
Lleida

Llegados a este punto no tengo adjetivos de suficiente magnitud para plasmar lo que supone poder leer la obra de alguien tan fuera de serie como la autora de este libro. Personalmente se me hace muy cuesta arriba ser objetivo con estas líneas, ya que desde que tengo un mínimo uso de razón la autora de este libro, Katia, me ha inculcado y enseñado una forma de vivir y actuar tan original y loca que por fuerza debe de ser cierta.

Seguro estoy de que la creación de la pluma y letra de esta autora va a cambiar la forma que tienes de ver las cosas, hasta tal punto de replantearte la existencia y el pensamiento tal y como la conoces, para bien o para mal, esto será un reset, un empezar de cero y vivir de una forma alternativa, porque este libro tiene este destino, cambiar vidas, cambiarte la vida.

¿Conoces la sensación de encajar con alguien de forma aleatoria?

¿Has tenido la sensación de conectar de una forma inexplicable y no física con alguna persona?

Pues mi alter ego es Katia, sin sentido, sin explicación lógica, y por eso me veo forzado a sugerirte por activa y pasiva que leas y entiendas cada palabra, símil, metáfora y paralelismo que propone, porque, repito, conocer a una mente de semejante índole es completa y absolutamente extraordinario, así que lee, entiende y vive tal y como te va a explicar en las siguientes páginas, valdrá la pena.

Eso es todo, este es el consejo de un loco, gracias por darme este espacio para plasmar mi pensamiento.

Eric Jiménez

INTELIGENCIA EMOCIONAL NESKA

¿Sabías que eres muy importante? Tú tienes una misión que cumplir, quizá no eres consciente de ello, pero has venido a esta vida a marcar una diferencia, eres una creación perfecta del ser y ¿sabes?: todos los que estamos a tu alrededor interconectados necesitamos que lo consigas, que creas en ti, que te despiertes con ilusión, con entusiasmo, con ganas de trascender en la vida de las personas que conforman tu mundo, porque, lo creas o no, tú eres parte del cambio que marcará una diferencia. Cada segundo la vida está en constante movimiento, nada es para siempre, y este conocimiento es la justificación de vivir cada instante como si fuera el último.

En ocasiones se nos olvida el valor de la libertad mental que es el tesoro más preciado que podemos tener, ya que abre puertas y sana enfermedades, olvidamos que nacimos con un don para conectar con la vida y damos por hecho que actuando desde la sinrazón humana encontraremos equilibrio.

En la vida de todos nosotros existe ese caminante que en ocasiones ríe, llora, ama, odia, que es feliz e infeliz, las circunstancias de la sociedad en la que vivimos nos llevan en algún momento a sentirnos frustrados, estancados, y lo más grave es que está cambiando nuestra naturaleza, nos están convirtiendo en personas materialistas, divididas en pensamientos y en acciones. Es maravilloso el ser diferente, loco, raro, distinto, tener tu esencia personal y compartirla ahí afuera desde el equilibrio, sin ser víctima de lo que la sociedad espera de ti, para solo ser y realizar tu «Misión de Vida».

Ahora te pregunto: ¿Te gustaría tener una vida donde tú fueras el responsable de tu historia personal?

Este es un libro que en verdad es un manual que he realizado desde la experiencia de muchas personas y la mía personal. Este manual se ha aplicado para formar a ***Meian Trainers,*** que significa «**Entrenadores de Vidas**», está hecho y pensado para que las personas dejen de sufrir de manera gratuita e integren una serie de conceptos que les ayuden a encontrar equilibrio, para así vivir una vida plena y libre de fantasmas emocionales.

Sé que hay una colección muy amplia de libros de autoayuda que son increíbles, de hecho muchos de ellos forman parte de lo que tuve que leer para poder aprender al respecto de esto. Te invito a que te pongas cómodo y descubras quién eres, qué quieres y a dónde vas.

Me gustaría antes de nada que estés dispuesto a hacer algo que la mayoría de personas no están dispuestas a hacer, y es **desaprender;** para poder aprender algo es necesario vaciar la taza, o, lo que es lo mismo, tener apertura, ya que si no lo haces, por más información que recibas, no se generará ningún cambio.

La definición de apertura para mí es estar abierto a la idea de que puedes estar equivocado; sé que eso para el ego no es bueno, ya que nos encanta tener la razón en todo, mas te pido que me regales el beneficio de la duda, porque esto puede abrir tu mente y liberarte a una nueva forma de pensar, para así vivir de una manera en donde tú determines qué es lo que quieres.

Hace algunos años, la vida me dio un regalo maravilloso que decidí abrir, tomando de él todo lo que contenía. Fue sorprendente, ya que era complejo: había felicidad, tristeza, soledad, y un punto de cambio que al principio no sabía leer ni entender. Me preguntaba: ¿Por qué a mí me pasa todo esto, yo, que soy tan buena y me merezco lo mejor del mundo? Eso era lo que yo pensaba en aquel momento.

Con el tiempo fui entendiendo la justificación de ese porqué. Después de quejarme constantemente por lo que me pasaba, me di cuenta de que mi futuro lo estaba construyendo de una manera muy triste, y tomé la determinación de hacer lo que tuviera que hacer para estar bien, y que cada cosa que aprendiera tenía que aplicarla día a día.

Después de esta determinación se generaron grandes cambios a nivel personal que trajeron un sinfín de cosas positivas, me enseñaron el camino a seguir en la búsqueda para vivir una vida plena sin desequilibrios emocionales. El camino ha sido diferente, no lo llamo difícil (ya que es una palabra que contamina la mente), pero ha valido la pena.

Lo primero que hice fue **tomar consciencia de que el pasado por suerte ya pasó y no regresa**, entendí que la mente humana es maravillosa, selectiva, y que con el tiempo las experiencias vividas las recuerdas de otra manera, la mente te da la oportunidad de crear nuevas perspectivas de esos momentos que te han generado angustia y sustituirlos con recursos que te generen entendimiento.

Te preguntarás quién soy, de dónde me he inventado esto y qué es lo que me ha llevado a realizar tal manual, cuál es mi experiencia y de dónde provengo.

Deja que me presente: mi nombre es Katia Medeles Padilla, mis alumnos y amigos me conocen como Neska.

Soy mexicana de nacimiento y ciudadana del mundo, actualmente vivo en Lérida, Cataluña, España.

Vengo de una familia humilde, en la cual el hablar era una de sus características. Mi padre abogado viajante, por lo cual pasaba pocos días en casa; mi madre mujer trabajadora, comprometida con la familia, dando siempre su mejor esfuerzo.

Agradezco su trabajo incansable para poder brindarnos una educación, a mí y a mis cuatro hermanas, a las cuales quiero muchísimo.

Me gustaría sorprenderte con títulos universitarios, maestrías, doctorados y todas esas cosas que determinan hoy en día un lugar dentro de la sociedad, pero temo desilusionarte o decepcionarte: no los tengo, me he hecho en la escuela de la vida, donde hombres y mujeres luchan por igualdad de condiciones buscando lo que todos anhelamos:

¡Vivir y ser felices!

Como has leído anteriormente, hace algunos años tuve que reestructurar mi manera de pensar y de comprender qué era lo que estaba sucediendo ahí afuera, en ese proceso puedo decirte que rocé la locura con los dedos, sobrepasé ese hilo tan fino que existe entre el estar aquí o en el otro lado. Experimenté cambios, tanto físicos, como psíquicos; en ese lugar la conciencia no existía y mis emociones determinaban un malestar constante que no podía cambiar en aquel momento, ya que no contaba con el conocimiento para hacerlo; mas yo sabía que tenía que hacer algo, ya que no podía continuar así. Por suerte, mis ganas de querer estar bien me llevaron a buscar información que calmara mi ser, la soledad y un libro eran mis compañeros de cada día, en las páginas de los libros que leía pretendía encontrar un poco de consuelo y sabiduría para poder llevar mi vida de una manera equilibrada.

En estas lecturas encontré grandes herramientas que me motivaron a seguir investigando y aprendiendo cosas diferentes. En mi afán de querer estar mejor me inscribí para hacer *Coaching*, PNL (Programación Neurolingüística) y Curación Emocional. Tuve la gran oportunidad de tener grandes maestros reconocidos a nivel internacional, entre ellos John Grinder, Richard Bandler, Gabriel Guerrero,

Eduardo Díaz y Enric Corbera, entre otros, y gracias a sus enseñanzas pude darle un sentido a mi vida.

En este proceso conocí a personas maravillosas que estuvieron a mi lado, apoyándome y compartiendo su tiempo. Cada una de estas personas aportó conocimientos que conservo con ilusión, a todas ellas les recuerdo con agradecimiento y cariño, ya que forman parte de lo que soy ahora.

Después de haber superado esa etapa diferente, centré todos mis esfuerzos en cambiar mis pensamientos respecto a mí; una vez que lo razoné, lo entendí y lo integré, pude compartirlo.

Con el tiempo he tenido la posibilidad de intercambiar criterios con varias personas de diferentes culturas, profesiones, estatus social, etc., y he podido llegar a la conclusión de que a todos nos ocurren las mismas cosas, lo que cambia son los personajes y las interpretaciones.

Los problemas en general suelen ser por salud, dinero y amor, y ahí nacen las interpretaciones: que si celos, envidia, traición, nostalgia, poder, enfermedad, miedo, incertidumbre, olvido, y un sinfín de cosas más que malogran la existencia humana.

También me di cuenta de que algunas personas solo pasan por la vida, sin tomar conciencia del momento que están viviendo. Hay quien vive en el pasado, recordando lo maravillosa que fue su vida o lo mal que lo pasaron; también hay quien vive en el futuro, intentando escapar de lo que no les gusta, otros construyen en sus mentes situaciones que les hacen sentir un bienestar momentáneo que les impide vivir aquí y ahora. Esta manera de comportarse da como resultado desequilibrio, y este, a su vez, se transforma en malestar mental y físico.

Para poder empezar a caminar hacia la libertad mental es necesario saber qué es lo que deseas, ese es el primer paso para avanzar; si aún no lo sabes, no te preocupes, aquí encontrarás las preguntas y ejercicios que te ayudarán a generar un mapa.

En el Modelo de Inteligencia Emocional Neska trabajarás con diferentes herramientas y recursos. Algunos provienen del *Coaching*, de la PNL y de la Biodescodificación.

Del *Coaching* aprenderás a cuestionar de manera efectiva, de la PNL (Programación Neurolingüística) el fundamento de la interpretación subjetiva de las cosas y el modelado de la excelencia humana. De la Biodescodificación la Inteligencia Emocional desde la consciencia y las repercusiones que tienen tus procesos mentales en tu salud física.

Esta manera de hacer cosas diferentes está pensada para que te conviertas en el dueño de tus emociones y seas tú quien determine cómo interpretar lo que te sucede en cada momento, y entiendas la vida con un enfoque más claro. Quizá te sea útil, quizá no, eso lo decides tú.

Mi intención es aportarte una semilla que en el tiempo te genere libertad, para que no seas preso de situaciones mal interpretadas que te generen tristeza. Soy de las personas que creen que las cosas no suceden por casualidad, sino por **causalidad**, así que, si estás buscando algo, deseo que lo encuentres en estas líneas.

Después de la tormenta llega la calma...

Hoy en día soy terapeuta y me dedico a dar cursos en los cuales aplico todas las herramientas antes mencionadas (Inteligencia Emocional, PNL, *Coaching* y Biodescodificación y formación de MeiAn Trainers, «entrenadores de vidas»).

En cada grupo que he tenido, he visto pasar personas tristes, decepcionadas, solitarias, con baja autoestima, en pocas palabras: derrotadas, al mirar sus ojos hay emociones que reconozco, ya que en algún momento formaron parte de mí.

Sé que ahora no te veo y no puedo percibir qué es lo que te está pasando, mas quiero que sepas que, sea cual sea tu situación, te entiendo, y no te lo digo «de dientes para afuera», te lo digo de corazón. Me he equivocado tantas veces que he podido experimentar emociones como las que hoy sientes. Sé que puedes cambiar tu manera de hacer las cosas y ser feliz, solo hay que tomar una pequeña y comprometida decisión para hacer que las cosas sucedan.

Dentro de ti hay algo que quiere ser liberado, piensa que tus células hacen un esfuerzo para que tú estés bien, y también sé que necesitan de tu ayuda consciente para generar un cambio, eres un ser maravilloso que tiene que aprender de nuevo. Si yo pude, tú puedes, soy una persona normal, como tú, que un día se cansó de tener una vida sin sentido y se dio la oportunidad de elegir, y elegí ser feliz.

¿Recuerdas cuando eras niño y alguien te enseñó a escribir? Te cogían la mano y te decían: «Bolita… palito…», y lo hacían con todo su amor, no importaba si lo hacías bien o mal, simplemente estaban ahí acompañando tu aprendizaje sin enfados, ya que eran conscientes de que con la práctica terminarías escribiendo.

Sé que ahora ha venido una gran emoción dentro de ti, tu mente ha relacionado mis palabras con un hecho que sucedió hace algún tiempo y te ha generado una emoción de sentirte acompañado y querido, y esa es la emoción que deseo transmitirte, que sepas que estoy a tu lado en este aprendizaje. Estoy aquí.

No hay nada que limite al ser humano más que él mismo, así que vamos a trabajar.

Cambiaremos lo que te está limitando por una fuente de crecimiento.

La razón del estrés, de la tristeza, del miedo, son nuestras voces internas, sí, esas que te dejan sin recursos. Suele pasar que, cuando estás en un mal estado emocional, tu inconsciente (llamaremos *Penélope* a la voz interna) se encarga de darte los recursos más negativos que tiene en su mano, nos centramos en el problema y no en las soluciones. A Penélope, en lugar de apoyarte y decirte «va, venga, que tú puedes», le encanta maltratarte diciéndote constantemente la misma canción al respecto de tus actos, o de lo que tendrías que haber hecho, y por si fuera poco crea historias, películas de cosas que aún no suceden, les da forma, color, sonido, emociones, sin ser consciente de que se están creando nuevas realidades en las que te sumerges, olvidando que estas aquí. Esta manera de actuar es el resultado de interpretar las situaciones cotidianas de una sola manera.

¿Cuál es la manera en que interpretamos? Pues, la nuestra, la que nos gustaría que satisficiera nuestras necesidades, pasando por alto lo que el resto de personas puedan pensar, sentir o experimentar al respecto de cualquier situación. Nuestro señor **Ego** está ahí en primera fila queriendo tener siempre la razón, y en general esa es la manera que tenemos de interpretar.

Existen tres aspectos que son fundamentales para complementar la inteligencia emocional de una persona y estos son: **la palabra, el respeto** y **el entendimiento racional**.

Estas tres partes son la clave de tener una vida sana. Es sabido que la memoria no la podemos parar, ella trabaja constantemente aportándonos información que en ocasiones nos hace daño, pero, si tú integras en tu actuar cotidiano el conocimiento de estos tres principios, obtendrás equilibrio.

En este proceso vas a conectar con tu centro, que es tu alma, ahí es donde nace el amor por lo más importante, que eres tú; una vez conectado podrás brindar al resto de las personas la esencia de lo que eres y obtener mejores resultados.

Te pido que abras tu mente a una nueva manera de percibir el mundo, si al final de este libro decides que los recursos que tienes en tu vida te siguen siendo válidos, lo respetaré y entenderé que para ti esté bien.

Por mi parte me queda decirte que lo que está escrito aquí lleva mi mejor intención de que tengas una vida plena, agradezco poder contar contigo como compañero de viaje, ya que, si estás leyendo esto, ya formas parte de mi gran familia.

Abre los armarios de tu mente, abre las ventanas de tu corazón, abre todos tus sentidos al entendimiento racional y llena tu mundo de amor, que es el principio de que todo sea posible.

Te pido que en esta hoja hagas un dibujo, ubícate en el lugar que estás leyendo y expresa lo que ves, lo que sientes, deja que tu imaginación se encargue de crear la interpretación que tienes respecto a ti y de este momento.

EL FUNDAMENTO

El comportamiento de las personas proviene de nuestros procesos neurológicos, visión, audición, olfato, gusto, tacto y sentimiento. Nuestro contacto con el mundo es mediante los cinco sentidos, y así damos una interpretación a la información que recibimos y actuamos según lo que hemos interpretado. El lenguaje es un recurso que utilizamos para comunicarnos con los demás, creando programas que escogemos para organizar nuestras ideas y acciones a fin de producir resultados.

El cerebro humano es una máquina perfecta, compuesta de agua, células y neuronas. Estas neuronas son las que se encargan de enviar señales electroquímicas a nuestro cuerpo, podemos decir que las neuronas son la madre del sistema nervioso, que a su vez se encarga de procesar toda la información que llega mediante nuestros sentidos. La manera en que se comunican estas neuronas es mediante neuroconexiones o redes neuronales.

Cada una de nuestras células funciona de manera independiente dentro de un conjunto, dichas células tienen memoria. En esta memoria se almacena la información externa e interna. La externa es cuando una situación que no depende de ti te impacta en su momento generando una emoción, y la interna es aquella que nos encargamos de construir en nuestra mente de manera gratuita (Penélope).

Esta información que creamos en nuestra mente se asocia a una red neuronal que activa un sistema de supervivencia, ya que la única misión del ser humano es sobrevivir, y para hacerlo toma de cada experiencia una interpretación que le genere un recurso momentáneo para sentirse bien.

Una parte de nuestra Inteligencia Emocional la traemos integrada a nivel celular, digamos que es como un código de barras, esto no quiere decir que de ahí nazca toda la información para comportarnos de maneras que nos hacen sentir mal. La genética es solo una parte de la información, el resto lo aprendemos de manera cotidiana.

Estudios de científicos han comprobado que, si das una nueva información y la trabajas mediante la repetición, puedes generar cambios a nivel neuronal, generando nuevos patrones de conducta que te aporten bienestar.

El sistema nervioso es una extensión del cerebro, está repartido por todo el cuerpo, baja por la médula y se reparte por las extremidades mediante redes, digamos que todo nuestro cuerpo está expuesto a sensaciones que primero pasan por el cerebro para después generar un resultado.

Para enfrentar la vida hay opciones, pero la mayoría de las personas se enfoca en el problema y no en las soluciones. La consecuencia de que hagas esto puede ser devastadora para la salud. Piensa en esto, ¿alguna vez te ha pasado que te corretea un perro o te persigue alguien por la calle, o simplemente tienes miedo por algo que tu mente ha creado y quieres huir? ¿Recuerdas esa sensación en el cuerpo?

En ese momento toda tu biología es alterada por el sistema nervioso simpático. Cuando te encuentras frente una situación límite el sistema nervioso genera rápidamente adrenalina, que te prepara para la lucha o la huida, y se bombea más sangre a las extremidades, maximizando así tus posibilidades de movimiento para así sobrevivir.

Con este ejemplo quiero que valores la perfección de nuestra naturaleza.

Es hora de que tomes conciencia de qué manera interpretas las cosas que te suceden, ya que **un pensamiento genera un sentimiento, y un sentimiento genera una acción,** esta puede ser interna o externa, por eso es que los pensamientos pueden determinar enfermedades, ya que tus palabras contienen emociones que alteran tu salud.

Tuve la oportunidad de hacer un curso de Curación Emocional con Enric Corbera. Él es un especialista en Biodescodificación, y es de ahí que te explico lo anterior. Después de hacer este curso me informé más al respecto y empecé a aplicar estos conocimientos en mis clases, generando resultados sorprendentes.

Solemos etiquetarnos con el título de YO SOY, y tienes que saber que tú no eres de ninguna manera, tú eres un cúmulo de experiencias que, dependiendo del contexto en el que te encuentres, te comportas de una manera u otra, acercándote al placer o alejándote del dolor; pero en muchas ocasiones no somos prácticos y nuestro entendimiento racional se ve afectado por querer tener siempre la razón.

Recuerdo a una alumna que tenía un problema en la espalda, al hacer las presentaciones me dijo contundentemente «YO SOY DISCAPACITADA», su comentario me sorprendió, ya que era una mujer joven. Por un momento pensé en lo que me respondió, y decidí cuestionarla para obtener respuestas que me dieran información al respecto de sus creencias. Al responderme se notaba que no se sentía cómoda con mis preguntas, pero contestaba. El hecho de que ella se sintiera así no era por la pregunta, era porque estaba tomando conciencia de lo que decía, sus palabras resonaban en cada una de sus células, de su mente.

Su alma estaba conectando con una verdad que sabía, pero no quería ver, escuchar, ni sentir. Era más fácil ser víctima de lo que le pasaba en su entorno que tomar la responsabilidad de ella misma. Al terminar el curso ella había hecho un cambio tanto físico como mental, ya que su biología había sido liberada de cargas emocionales que arrastraba desde pequeña. Hace pocos días me la encontré, nos saludamos con muchísimo gusto, le pregunte qué tal estaba, me dijo que estaba muy bien de salud y que se sentía feliz. Nos despedimos y al marcharse me quedé con una buena emoción, me alegró saber que era responsable de ella.

Quizá puede parecerte arrogante por mi parte, pero mi experiencia profesional me ha dado las pruebas para decir que todas las personas que aplican estos principios básicos de inteligencia, de perspectiva, de prueba, método o precepto generan cambios.

Ponle el nombre que quieras, yo lo llamo «Modelo de Inteligencia Emocional Neska».

Cuando me presento en alguno de mis cursos pido que escriban lo primero que llegue a su mente al respecto de mi persona, les pido que me pongan nombre, que identifiquen si estoy casada, soltera, viuda, divorciada; les invito a que hagan una fotografía de mi historia personal, dejo que su imaginación ponga al descubierto quién soy, y para hacerlo más interesante les pido que escriban tres cosas positivas que les transmita mi persona. También les pido que escriban tres negativas, la gran mayoría me dice: «¿Cómo quieres que escriba tres cosas negativas de ti, si no te conozco?», yo insisto en que lo hagan, que no importa si es verdad o mentira, lo que yo quiero es que me vean como a alguien de la calle sin más, que dejen que su imaginación interprete lo que ven y lo que les transmito.

Les hago la aclaración de que esto es lo que hacemos habitualmente en la calle, miramos pasar a la gente y les ponemos una etiqueta o juzgamos sin más, sin conocer, sin saber nada de dicha persona. ¿Alguna vez lo has hecho, criticar sin conocer?

Te veo… Esa sonrisa de… ¡¡Me pillaste!!

Creo que la mayoría de las personas alguna vez lo hemos hecho, y no pasa nada, es solo el reconocimiento de una actitud.

Al leer las hojas de lo que piensan, observo sus puntos débiles a trabajar, y no juzgo sus criterios, ya que cada uno tiene una manera diferente de interpretar.

Después de este ejercicio hablamos, me gusta cuestionar. En ocasiones se genera un clima de sorpresa, ya que entro ahí donde guardan las cosas que les dan miedo o les impiden ser felices; he de confesar que no es algo que les guste, pero es necesario.

De un gran maestro aprendí algo muy poderoso, decía que para poder generar cambios en las personas tienes que meter la mano al corazón, darles la vuelta y enviarlos a dormir, y justamente eso es lo que hago. Normalmente la gente no está acostumbrada a que nadie, sin conocerle de nada, le explique de forma abierta sus miedos; se quedan pensando: «¿Qué hace?».

Ellos no son conscientes de que en nuestra conversación aparecen sus creencias, que son las que determinan la manera en que interpretan el mundo y cómo se comportan.

Recuerdo una alumna que se enfadó muchísimo con mi cuestionamiento, marchó a su casa con todas las emociones encontradas, haciéndose la reflexión de lo que había sucedido en clase, estaba tan enfadada que no pudo dormir. Al día siguiente que nos vimos iba dispuesta a enfrentarme, pero su reacción alterada terminó en entendimiento.

Cada vez que me preguntaba algo yo le contestaba desde otro punto de vista. Al terminar la clase ya se le había ido el enfado, entendiendo que no es malo reconocer que no siempre se tiene la razón de las cosas, y aceptó situaciones de su comportamiento que desconocía.

Las clases continuaron; al terminar el curso ella se había apasionado por esta manera de hacer, de interpretar, se puso en marcha y estudió el cómo se hace en profundidad. Hoy día somos grandes amigas y compañeras de profesión.

Ahora te pido que hagas una foto de la persona que crees que soy; sí, ahora, con lo poco que has leído escribe aquí abajo lo que piensas de mí, ya que deseo que cuando termines de leer el libro puedas valorar lo que has escrito.

Es bonito empezar así, ya que sé que en tu mente habrá un antes y un después. Mis alumnos dicen que después de tomar el curso ya nada es igual, que sabiendo lo que saben ya no pueden actuar como antes lo hacían. También me han comentado que, si intentan regresar a sus viejos hábitos, se sienten desgraciados al cubo, ya que son conscientes de que cuentan con todos los recursos para actuar de otra manera.

En esta primera parte vas a hacerte un favor. Estira tus brazos hacia arriba, sujeta la mano derecha a la izquierda, ahora tira hacia el lado derecho, ahora hacia el lado izquierdo. Si estás sentado, levántate, y si estás de pie, siéntate, y respira tranquilamente, sintiendo lo que está pasando ahora. ¿Qué está pasando?

¿Te has quedado sentado en el sofá, planteándote que está diciendo esta chiflada, o te has puesto de pie? ¿Qué ha pasado? ¿Qué has sentido? ¿Cómo te has visto?

La manera en que has percibido este acto de ponerte de pie o sentarte ha sido tu elección, pero quiero comentarte que, si te quedaste ahí sin hacer lo que te pedí, te has quedado esperando que las cosas cambien sin hacer nada.

En la vida, para obtener resultados diferentes tienes que hacer cosas diferentes.

Si lo has hecho, ¡¡felicidades!! Estás dispuesto a vivir la vida que quieres y a hacer lo que tengas que hacer para cambiar los resultados que hasta hoy tienes.

Quizá estás muy feliz con la vida que tienes y, ¿sabes?, lo celebro, pues sé que esto solo te puede servir para ser más feliz.

Para quien se ha quedado ahí sin reaccionar, una vez más te pido que te saques los zapatos y te levantes, tomes tres respiraciones y comiences a andar paso a paso, siendo consciente de lo que estás haciendo, que es caminar.

Siente qué es lo que pasa con tu respiración y cómo sientes tus pies cogidos al suelo, vive lo que está pasando como una experiencia que nunca habías vivido, ahora te pido que tomes conciencia de qué has experimentado. Las emociones y sensaciones pueden ser de todo tipo, tú tienes la tuya, que es especial, ya que eres un ser único.

Lo que has experimentado te pido que lo conserves, ya que te será de utilidad para más adelante. Si estás dispuesto a desaprender para después aprender, estás leyendo la construcción de tu nuevo yo. Es divertido, es dinámico, es diferente.

PATRONES EMOCIONALES

Cuando éramos pequeños aprendimos mediante la observación de lo que hacían los mayores en casa, generando dentro de nuestra mente relaciones de situaciones, que a su vez generaron códigos de conducta, los cuales han determinado nuestro hacer en la vida. Es posible que lo que aprendiste esté marcando pautas que te limiten a crecer y hacer.

Hoy en día mediante estudios científicos se ha demostrado que el cerebro tiene una plasticidad increíble, es algo perfecto que podemos modificar reprogramándolo, solo hace falta saber el cómo se hace.

La mente humana cuenta con memoria a largo y a corto plazo, y dependiendo de la intensidad emocional que intervenga en nuestras acciones, la información se codificará en un lado u en otro. Las emociones son las que dan poder para generar un recuerdo (memoria a largo plazo) o algo solo momentáneo, de supervivencia (memoria a corto plazo).

Por eso se dice que la mente no está diseñada para memorizar, está diseñada para relacionar.

Si ahora te digo: piensa en tus últimas vacaciones, ¿qué es lo que viene a tu mente? Seguramente una serie de personas, lugares, etc.

Dependiendo de la intensidad emocional que hayas vivido en esas vacaciones, se determinará la claridad de los recuerdos.

¿Te das cuenta de que la mente es simplemente maravillosa?

Tiene el poder de relacionar, seleccionar, hacer conjuntos de las cosas que pertenecen a una familia de palabras, y las tiene ahí, a mano, para cuando tienes que utilizarlas. La mente graba miles de datos creando nuevas redes (neuroconexiones). Si lo piensas por un minuto, todo lo que pasa está relacionado con vivencias, que son las que en algunos momentos te llevan a pensar de manera poco efectiva, poco útil, ya que en tu mente puede existir una relación de situaciones emocionales que en su momento te generaron angustia o sufrimiento y que sin querer lo evocas al presente.

Cada palabra que utilizamos tiene un sentido para cada uno de nosotros, y está asociada a emociones, que son las que determinan el cómo te comportas, cómo afrontas los problemas y cómo piensas.

Tus padres o tutores recibieron una educación, la misma que interpretaron de manera diferente, creando modelos de conducta de lo que estaba bien y de lo que estaba mal. Toma conciencia y contesta: ¿Qué haces como tus padres? ¿Asumes las mismas conductas a la hora de educar a tus hijos? ¿Eres una copia fiel de ellos? Piensa cuáles son las conductas que realizas igual que ellos. Tus respuestas determinan la persona que eres, y no es malo ser la copia de los padres cuando nuestros resultados nos hacen felices.

Analiza las respuestas, ya que es hora de poner la realidad ante el espejo.

Tanto si eres padre como si no, te pido que hagas este ejercicio:

Ponte delante de un espejo grande de cuerpo entero (si no lo tienes, no pasa nada, utiliza el que tengas) y cuestiónate al respecto de quién eres en realidad, mira ahí, frente a ti, ese hombre o esa mujer, y date cuenta de quién es en realidad.

Mira bien… No hagas trampas…

¿Eres guapo, feo, inteligente, mediocre, con una vida de éxito? ¿Eres quien has querido ser? ¿Tienes de la vida lo que algún día soñaste? ¿Eres un triunfador? ¿Eres una persona feliz y llena de ánimo para disfrutar de los grandes regalos de la vida? ¿Sonríes a menudo? ¿Te enfadas poco o casi no te enfadas? ¿Eres una persona comprometida con lo que haces, o simplemente haces por hacer?

¿QUÉ TE DICES, QUÉ VES, QUÉ SIENTES?

Lo que pretendo que hagas en este momento es que **tomes conciencia de ti y te des cuenta de que somos el resultado de las creencias construidas que nos han legado**. El ponerte delante del espejo es para que veas, sientas y escuches lo que te dices constantemente. Estas respuestas tienen demasiada información al respecto de quién eres en realidad y la manera de interpretar las cosas.

Si eres padre, toma conciencia de lo que le estás legando a tus hijos, piensa que quizá los recursos que tú tienes no les sean útiles para tener una vida emocionalmente sana, es tiempo de hacer una reflexión al respecto de cómo actúas.

De hecho, hoy en día no sé cuáles son tus resultados, pero lo que sí sé es que **en la vida no hay errores, solo hay aprendizaje.** Con esto quiero decirte que las cosas pueden cambiar si tú lo deseas.

Aclaro, no estoy culpando a nadie, ellos, nuestros padres o tutores han hecho lo mejor que han sabido en cada momento. Cuando nos convertimos en padres descubrimos que los niños no vienen con manual de instrucciones, y en ocasiones no sabemos cómo hacer para que las cosas salgan como queremos.

Este ejercicio de poner tu realidad frente al espejo te da la posibilidad de descubrir qué es lo que has hecho de manera poco útil a la hora de tu hacer por la vida, es un encuentro con tu verdadera esencia como persona. Te puede gustar más o menos lo que ha pasado, pero no importa, ya que ahora tienes una referencia válida de lo que piensas realmente de ti. Generar un cambio es una opción, quedarte como hasta hoy es otra, tú eliges qué sigue en tu historia personal y la de tu familia.

La mayoría de personas se hablan constantemente, en sus mentes el silencio no existe, y no es así porque no quieran, lo es porque no saben cómo hacer para que esto suceda. ¿Alguna vez te ha pasado que intentas estar sin pensar en nada y sucede todo lo contrario? Terminas casi siempre pensando en alguna situación que te preocupa.

Soy consciente de que hay una crisis profunda y que las cosas ahí afuera están mal, sin embargo evito darle poder, y con esto quiero decir que prefiero enfocarme en lo que puedo hacer para obtener otros resultados que estar pensando en cosas que me generan malas emociones. Te quita el mismo tiempo construir en tu mente pensamientos negativos que positivos.

La vida es una actitud y, si tienes una actitud negativa ante las circunstancias actuales del mundo, estás contribuyendo a que las cosas estén sin un cambio a positivo. La suma de esfuerzos de miles de personas ha generado miedo colectivo, el mismo que poco a poco gana terreno en tu vida, en tus emociones, y lo más triste es que al final te roba las ilusiones de intentar hacer algo diferente.

Tienes que tener muy en cuenta que «**lo que depende de ti es lo único que puedes controlar, lo que depende de terceras personas no está en tus manos cambiarlo**», así que, desde tu poder personal, actúa con ilusión, con liderazgo, con actos que realmente contribuyan a un gran cambio, un cambio colectivo; empieza con la suma de algunas personas que hagan algo diferente para cambiar su mundo, deja de quejarte y haz lo que tengas que hacer para iniciar tu crecimiento emocional y conseguir el tesoro más grande que puede tener cualquier mortal, que es la **libertad mental.** Una vez que la obtienes no quieres, ni puedes regresar a comportarte de otra forma, ya que habrás encontrado el verdadero equilibrio. **El secreto de tener una vida plena está en la forma en que decides interpretar las cosas que te suceden cada día**. La información externa que recibimos tiene diferentes significados, es interesante poder parar un momento para reflexionar al respecto de cómo interpretamos, qué hacemos y qué decimos.

Hace algún tiempo tuve la oportunidad de entrar en el tutelar de menores en México y hablar con algunos jóvenes que estaban cumpliendo condenas por delitos, algunos eran graves y otros de menor importancia, pero estaban ahí. El entrar en ese lugar me hacía pensar en cómo las personas hacen lo que haga falta para sobrevivir, para ellos (en ese momento que cometieron un delito) estaban haciendo lo correcto, sin pensar que las cosas podían hacerlas de otra manera.

Conocí a una joven de 16 años, su historia me impactó, estaba ahí por homicidio en primer grado, había matado a su padre. Mis preguntas la llevaron a brindarme las respuestas del porqué, y sus motivos eran claros: ella había sido violada por su padre. Esto sucedió la primera vez cuando solo era una niña. Vivió amenazada y por miedo jamás le dijo nada a su madre. Esta niña, que después se convirtió en adolescente, sufría en silencio por todas las vejaciones que le practicaba su progenitor, pero esa no es la verdadera razón por la que le quitó la vida. Según me explicó, ya había aprendido a vivir así, lo que realmente la llevó a cometer ese crimen fue que su padre intentó hacer lo mismo con su hermana pequeña de 5 años, y ella, por su experiencia llena de sufrimiento, no podía permitir que a su hermana le pasara algo parecido, así que decidió terminar con la vida de su padre.

Es una historia dura con la cual no justifico sus actos, aunque entiendo sus circunstancias. ¿Para qué crees que te cuento esta historia? Simplemente intento abrir tus marcos de referencia a la hora de interpretar la vida.

Seguramente en la primera parte de la historia hubieras pensado: «Se lo merece», «Es donde tiene que estar, le quitó la vida a su padre», pero cuando terminas de leer la historia tus emociones han cambiado. Quizá no le darías la libertad, pero puedes entender la justificación de sus acciones. Piensa que **las personas actuamos lo mejor que sabemos en cada momento**. Dependiendo de qué lente utilices en la cámara de la vida, puedes ver solo una parte de la foto, pero si abres el objetivo te darás cuenta de que las cosas pueden ser diferentes. **Las experiencias de cada momento son circunstanciales y la interpretación de las mismas es subjetiva.** (La subjetividad está vinculada directamente a una interpretación que se realiza mediante la experiencia.)

Me encantaría poder decirte que las cosas son así porque lo digo yo o porque lo dices tú, sin embargo me río de esto, ya que nada es verdadero, lo que por la mañana es una verdad por la noche es una mentira.

Piensa: durante el día tenemos experiencias diferentes, algunas son más interesantes e intensas que otras y, si lo valoras, no puedes recordar literalmente todo lo vivido durante un día; lo único que te queda es la interpretación subjetiva de lo que has experimentado en forma de emoción. La mente es increíble, ya que guarda en el inconsciente (Penélope) la información que no necesita, y solo te deja el recuerdo en forma de emoción. Imagina por un momento que fuera diferente, que pudieras recordar a cada minuto tus experiencias, ¿cómo sería? No tendrías paz, imagina toda esa información, repitiéndose como un disco, torturándote, sería un sinvivir y estarías agobiado constantemente.

¡¡Te pillé!! ¿Te pasa algo parecido? Si en estos momentos te está pasando algo parecido, abre el marco de esa foto que tienes en tu mente, cambia el enfoque de toda esa historia que estás viendo, escuchando, sintiendo, e intenta interpretar de otra manera. Piensa en los motivos de la otra persona, recordando que cada uno es diferente y tiene puntos de vista distintos a los tuyos.

Por ejemplo: Estás en el bosque pasando el día, el paisaje es precioso, pero a ti te gustan las flores silvestres más que los árboles, el río, etc., y centras toda tu atención en las flores, ¿qué pasa? Pasa que te estás perdiendo un paisaje lleno de color y vida que está ahí en el mismo lugar a la misma hora. Si haces una foto con la lente de la cámara enfocando únicamente a la flor silvestre, exclusivamente verás la flor y ¿qué pasa si abres el objetivo de la cámara y haces una panorámica? Ahí sigue la flor, pero hay muchas más cosas que puedes ver, sentir y disfrutar. Ver las cosas de manera global te da la oportunidad de valorar las cosas desde diferentes puntos y te brinda entendimiento.

PARA RECORDAR:

- Nuestro cerebro no está diseñado para memorizar, está diseñado para relacionar.

- Dependiendo la intensidad emocional que apliques en la vida, generarás una memoria a corto o a largo plazo.

- Valora en el espejo de tu vida y toma conciencia si tus acciones te son útiles; si no lo son, cámbialas.

- En la vida no hay errores, solo aprendizaje.

- Lo que depende de ti es lo único que puedes controlar, lo que sucede a terceras personas no pertenece a tu voluntad, así que no puedes cambiarlo.

- El secreto de tener una vida plena está en la forma en que decidimos interpretar las cosas que nos suceden cada día.

- Las experiencias de cada momento son circunstanciales, y la interpretación de las mismas es subjetiva.

- Cada uno crea su mundo mediante las interpretaciones que genera al respecto de lo vivido.

PALABRAS

Comenzaremos por explicar la importancia que tienen las palabras a la hora de interpretar el mundo. Las palabras son una forma de comunicarnos, éstas pueden ser mediante el lenguaje o mediante la escritura. Son la conexión con lo que queremos transmitir de manera verbal o escrita. Existe otra forma de comunicarnos que es la expresión corporal, esta información produce un gran impacto a la hora de intercambiar criterios, se dice que el lenguaje verbal en la comunicación tiene un 25% de impacto en el interlocutor, el lenguaje corporal un 70% y un 5% es el entorno donde se realiza la comunicación. Estos tres componentes determinan que es lo que sucede después de que abres la boca.

Hay que aprender a leer entre líneas para poder interpretar lo que no se dice y que está ahí presente formando parte de la comunicación.

La manera de decir las cosas puede causar un impacto u otro, no es lo que decimos, sino cómo lo decimos. Quiero que tomes conciencia de esto: **El responsable de lo que sucede después de que has iniciado una conversación eres tú.**

Tienes que saber que las palabras no tienen el mismo significado para ti que para otra persona, y esto es fácil de descubrir, hagamos un ejercicio: Pregunta a algunos amigos o familiares que con una palabra te definan la palabra sexo, religión, amistad, amor; te sorprenderás de la interpretación que tiene cada uno de ellos, te encontrarás con respuestas de todo tipo, quizá alguna para ti no está bien, eso no quiere decir que esté mal, quiere decir que cada uno ha creado una interpretación según sus valores y experiencias.

Las personas no son conscientes de que cada vez que abren la boca dejan en descubierto la clase de persona que son, ya que algunas palabras están relacionadas directamente con sus valores y estos te dicen cuáles son las cosas que realmente son importantes para ellos.

Las palabras, dependiendo de cómo están acomodadas, tienen un significado o tienen otro.

Reflexiona esta frase:

- **Te quiero** mucho, pero te tengo que dejar.

- Te tengo que dejar, pero **te quiero mucho**.

Te das cuenta del poder que tiene la palabra, de cómo cambia la emoción interna después de leer esto, la primera frase te genera la sensación de «Qué malo es, me abandona, me deja», y la segunda por lo contrario te genera entendimiento «Se marcha, pero me quiere».

Y esto sucede porque las personas normalmente nos acordamos de la última frase de lo que se dice.

Tengo una gran amiga en México que hizo un curso de formación conmigo y hacía muchos días que no sabía de ella, un día me llamó para contarme que había tenido un problema de amor, yo le pregunte qué pasó (Te resumo lo que me explicó):

-Mi pareja me ha dejado (y no lo entendía), nuestra relación era increíble, éramos grandes amigos, lo compartíamos todo.

Según ella, la confianza era lo que les había llevado a hacer de aquella relación algo muy lindo, por lo que dice se amaron muchísimo, sin embargo las circunstancias personales de ambos en aquel momento eran diferentes y tuvieron que separarse, él fue quien tomó la decisión de que así fuera.

Le gustará más o menos a mi amiga, era lo que había y tenía que aceptarlo, no podía cambiarlo, no dependía de ella. Al escuchar todo esto le pregunté:

—¿Cómo lo llevas? Si necesitas algo, cuenta conmigo.

Le hice sentir que no estaba sola y su respuesta me sorprendió, me dijo:

—Ya pasó amiga, practico el regalar mi poder personal solo cinco minutos, como bien dices.

Y le pregunté:

—¿Cómo lo has hecho para sentirte bien emocionalmente?

Y me explicó:

—Para poder entenderlo de una manera más simple cambié de escenario y me puse en el lugar de un estudiante que quería acceder a la universidad, pensé que el tiempo que había brindado a esa relación fue de estudio, de esfuerzo, de compromiso, de dedicación, pero con los resultados que obtuve me di cuenta de que me faltaban conocimientos y me denegaron el acceso. Me resultó increíble que cambiara de escenario y lo entendiera así de simple.

Me comentó que pudo hacer esto ya que él en ningún momento le dijo que no la quería, al contrario, sus últimas palabras al despedirse fueron «Te amo».

Cambió las malas emociones por entenderlo y respetarlo, esta manera de enfocar las cosas le dejó ver más allá, pensó en que hay más «universidades» por el mundo en las que la podían aceptar con sus conocimientos.

Después de este comentario hablamos de otras cosas y me quedé muy tranquila de saber que estaba bien.

Pasó un tiempo y la llamé para preguntarle qué tal estaba, cómo iba todo por ahí, y me dio una gran ¡¡sorpresa!! Me dijo ilusionada: «Ya me aceptaron en otra universidad».

En su voz pude percibir que estaba muy feliz y las últimas palabras que me dijo fueron: «Lo que estoy viviendo es lo mejor que me ha podido pasar».

Como puedes darte cuenta las palabras que utilizó le hicieron adaptarse mejor a las circunstancias. Su mente generó nuevos recursos y sus resultados fueron sorprendentes.

Ahora te dejaré unas palabras que tienen un significado importante a la hora de comunicarte.

La palabra PERO la llamaremos la palabra borrador, ya que dentro de un contenido elimina lo dicho anterior en una conversación.

Ejemplo: Me encanta como te queda el vestido negro PERO el rosa te queda mejor.

La palabra Y suma.

Me encanta como te queda el vestido negro Y el rosa también.

Las palabras SIEMPRE, TODOS y NUNCA son una generalización que te limita a que «siempre es igual a...», «todos son iguales a...», «todo es igual que...» o «nunca hago/digo...» sin dejar espacio para hacerlo de otra manera.

Si utilizas estas palabras no das opción a nada más.

¿Conoces a alguna persona que esté con depresión, con tristeza o simplemente que no esté pasando un buen momento? Si me has contestado que sí, quiero que recuerdes ¿cuál ha sido la última conversación que tuviste con esa persona?

Te pido cierres los ojos y veas, escuches y sientas la conversación. Ahora te pido reflexiones al respecto del lenguaje que utilizó para explicarte lo que le estaba pasando. Como puedes darte cuenta esta persona habla de una manera poco útil, utiliza palabras que generan emociones negativas dentro de su mente y por tanto se manifiestan en su manera de expresarse, en su manera de caminar y de actuar, te invito a que empieces a tomar conciencia de las palabras que utilizas cada día y te des cuenta del poder que tienen sobre ti y tus acciones.

Existen algunas personas que para alimentarse buscan los mejores productos, la mejor verdura, la mejor carne, que sea ecológico, etc. Es bueno saber que la gente se cuida con el fin de tener un organismo sano, pero a la hora de hacer la compra para la mente no busca el mejor alimento, que es un vocabulario potenciador, al contrario, busca en el supermercado de la mente palabras que hacen daño, que angustian o estresan.

Hay palabras que contienen un alto grado de toxicidad emocional que el solo hecho de pensar en ellas nos llevan a sentirnos mal, por ejemplo: pobreza, hambre, etc. Y esto se genera por una simple y sencilla razón, nuestra mente tiene una referencia interna o externa que, dependiendo de dónde venga la información, generará mayor o menor impacto. Lo que quiero que valores es que si tu lenguaje es sano, te sentirás en un buen estado para caminar por la vida.

Las palabras que utilizan la mayoría de personas son para sobrevivir y no para ser felices, ya que van en busca de la felicidad condicionando la misma al verbo tener, parece que la mente tiene relacionado el tener cosas materiales con la felicidad, y el ser lo dejamos para cuando llega el tener, y en muchas ocasiones no es así.

Piensa, ¿qué te haría más feliz, tener una casa lujosa con todas las comodidades y estar solo o compartir un lugar sencillo donde puedas conversar con amigos, familia y sentirte pleno? ¡Ojo! no quiero decir que el dinero sea malo, es bueno cuando lo vives desde la pasión y no desde la obligación de ser.

Si te hablas de manera positiva crearás y fortalecerás una red neuronal distinta a la que ya tienes construida, el simple hecho de decirte YO PUEDO cambia algo dentro de ti; si te lo repites constantemente, podrás conseguir todo lo que pase por tu mente, ahora si estas palabras las acompañas con una espalda recta y una sonrisa, será más interesante, ya adquieres la postura de apertura y de seguridad.

Al sonreír se regulan los niveles de endorfinas, serotonina, oxitocina y dopamina que son de vital importancia para fortalecer nuestro sistema inmunológico. Esta sensación de felicidad es buena para generar una buena comunicación contigo y con tu cuerpo.

Recuerda que la mayoría de enfermedades están relacionadas con impactos emocionales, difícil de entender, pero está comprobado científicamente que es así, por eso te digo que la palabra tiene un poder increíble, y la manera en que lo interpretas aún más.

Si empiezas a fortalecer tus creencias potenciadoras y tu calidad de vivir aquí y ahora, descubrirás que la felicidad es algo que puedes llevar contigo como compañero de viaje y no como un fin.

Sé que cuando estás en una situación límite de sufrimiento aparece en tu mente un estado de epifanía, donde todos los recursos internos se manifiestan para generar un cambio, este estado aparece solo cuando tu ser ya no puede más para continuar con ese sufrimiento.

Así que si estas depresivo, triste o angustiado, quiero que con los recursos que tienes hasta ahora tomes conciencia de la vida que estás viviendo y te cuestiones ¿qué más estoy yo dispuesto a soportar? ¿Qué más tengo yo que hacer por intentar cambiar las cosas? ¿Qué me aporta la pena de sentir todo esto? Tus respuestas son la llave de acceso a ese momento mágico donde haces un salto cuántico, donde cambias de paradigma y te brindas la oportunidad de empezar de nuevo con tu historia personal. En estas respuestas sé claro ya que estamos hablando de tu vida y no de la mía, es tu vida la que es posible que esté en un abismo, no la mía, así que ten apertura y haz lo que tengas que hacer para despertar al gigante que llevas dentro.

Recuerdo cuando llegué a Cataluña, descubrí un mundo mágico, me había casado con un hombre empresario que podía brindarme todo lo que algún día me hubiera gustado tener, agradecía a la vida que así fuera y disfruté de ello.

Mi vida funcionaba en eventos sociales, comidas, cenas, viajes, vestidos, zapatos y *glamour*. Era como si mi vida fuera un cuento de hadas, pude experimentar desde el tener la ausencia del ser, y descubrí que el tener cosas materiales no era suficiente, me sentía vacía, me hacían falta mi familia, mis amigos, había dejado mi mundo, era como una extraterrestre, perdida y sin hogar.

Su familia y amigos me trataron con mucho amor el cual agradecí, mas yo me sentía sola, intenté adaptarme a mis nuevas circunstancias, pero no fue así ya que, para que en casa pudiéramos tenerlo todo, mi esposo trabajaba muchas horas; de hecho había días que no nos veíamos, siempre estaba trabajando, su mundo era su trabajo, en realidad ese fue uno de los factores que me hicieron tomar la decisión de cambiar mi vida.

En ese cambio aparecieron diferentes circunstancias, personas que me hicieron crecer, he de confesarte que algunas experiencias no fueron agradables, de hecho en mi vida marcaron un antes y un después, pero ¿sabes? Todo lo que he aprendido de esas situaciones no lo cambio por nada, encontrar mi verdadera esencia como individuo y tener libertad mental es lo mejor que me ha podido pasar en la vida.

Como tú, sé que estamos expuestos constantemente a una serie de información externa que nos limita a pensar de una manera útil.

En los medios de comunicación cada día nos sabotean con información que provoca que entremos en un miedo constante, paralizando nuestro crecimiento y desarrollo de lo que deseamos, pero tenemos que ser conscientes de una cosa que quizá ya sabes, mas te la recuerdo, en todas las crisis profundas vividas por la humanidad se han generado grandes oportunidades para crecer y ¿sabes quién es el que hace posible que esto suceda? El que tiene la información de lo que está pasando y le da una interpretación diferente.

Estas personas, en lugar de sumergirse en el bucle del desánimo, buscan los recursos adecuados para hacer de esos problemas colectivos grandes recursos constructivos.

Tu lenguaje puede cambiar el sentido de las cosas, cada vez que hablas fortaleces tus creencias que determinan tus resultados, que pueden ser positivos o negativos; así que mentes a la obra, cambia tu manera de interpretar, como dije anteriormente, utiliza la cámara de fotos con el diafragma abierto, las fotos que haces constantemente en el día a día llevan más información de la que ves, aprende a interpretar de una mejor manera en la que te sientas cómodo, al fin de cuentas ya te he explicado que todo es circunstancial y tú eliges qué es lo que quieres pensar de cualquier situación.

PARA RECORDAR:

- Las palabras tienen un significado para ti, que no es el mismo para otra persona.

- No es lo que se dice, el significado se encuentra en el «cómo» se interpreta lo que se dice.

- Tú eres responsable de lo que sucede después de que empiezas una conversación.

- La palabra PERO es un borrador de lo dicho anteriormente.

- Las palabras que utilizas de alimento mental son las responsables de tus estados de ánimo.

- Fortalece tus creencias positivas con información.

- El lenguaje cambia el sentido de las cosas.

- Te lleva el mismo tiempo construir que destruir en tu mente.

CONSCIENCIA

Nuestros pensamientos están vinculados directamente con nuestros resultados, lo que pensamos de nosotros mismos genera una onda expansiva ahí afuera que es visible para el mundo, tu actitud complementada por tus palabras es parte de esa onda que está generando que las cosas sean positivas o negativas, no es lo mismo hablarte con amor y respeto que hablarte con desprecio, la gente en su andar transmite el cómo se siente emocionalmente y, si a esto le pones lenguaje, ya es la bomba.

Recuerda que tú tienes en tu mente el poder de crear o destruirte.

Las personas representamos el mundo mediante imágenes, sensaciones y sonidos, teniendo la habilidad de construir grandes tragedias sin que hayan sido vividas. Cuando te sientes mal por algún problema, lo que está sucediendo en tu mente es la creación de algo muy malo, generando sensaciones de miedo, angustia y tristeza. Cada vez que piensas de esta forma, afuera tienes los resultados que, por supuesto, están relacionados directamente con la forma que le has dado en tu mente.

El poder de tu vida es tuyo, tú eres quien determina qué sigue en tu historia personal, para que esto sea así tienes que aprender a tomar conciencia y respetar.

Conciencia es saber qué está pasando dentro y fuera de tu mente en un mismo momento, y para eso se requiere vivir aquí y ahora, es importante reconocer qué estas construyendo en tu mente y parar cuando lo que te dices no es útil.

Nuestra mente está dividida en dos hemisferios, los cuales se encargan de generar pensamientos y emociones, y dependiendo cual utilices a la hora de interpretar las situaciones cotidianas obtendrás un resultado positivo o negativo.

En el hemisferio derecho de nuestro cerebro tenemos al creador de las emociones, de la creatividad, de la música, de lo metafórico, de lo femenino. Este hemisferio es el responsable de pensar con el corazón y no con la cabeza. La mayoría de mujeres utilizamos más el hemisferio derecho para actuar que los hombres.

No puedo generalizar ya que hay hombres que también destacan por su creatividad y sensibilidad. Tu manera de hacer funcionar cada hemisferio lo condicionan el entorno y las creencias de lo que has aprendido para sobrevivir, sin olvidar la genética.

En el hemisferio izquierdo se construye lo estructurado linealmente, lo analítico, lo matemático, lo lógico, lo masculino, lo objetivo, lo reflexivo y lo verbal.

Esto no quiere decir que los hombres sean de izquierda y las mujeres de derecha, ambos hemisferios están ahí para ser utilizados, pero, dependiendo de qué es lo que necesitamos, acudimos al que nos puede brindar los recursos para obtener mejores resultados.

Podemos hacer la conexión de nuestros hemisferios mediante ejercicios que impliquen el pensar con una actividad física, esto es muy bueno, ya que generas un puente entre el cuerpo calloso, y ambos hacen que tu mente trabaje con los dos hemisferios conectados, generando recursos para poder actuar de manera más efectiva, ya que se complementa la información que necesitas.

Haz este ejercicio para conectar: Ponte de pie y levanta la rodilla derecha y toca la rodilla con la mano izquierda.

Cuando está bajando sube la rodilla izquierda y tócala con la mano derecha, mientras lo haces, multiplica en tu mente de manera aleatoria las tablas: 2 x 5 = 10, 6 x 3 = 18, 9 x 9 = 81, etc. Hazlo varias veces durante unos minutos. Esto es un ejercicio para generar que ambos hemisferios se conecten y trabajen en conjunto la creatividad y la lógica de manera más efectiva.

LOS CANALES DE COMUNICACIÓN

Las personas utilizamos diferentes canales para comunicarnos e interpretar, dentro de esos canales utilizamos el lenguaje verbal y el no verbal, que se genera mediante la manifestación de movimientos, gestos y actitudes.

Dentro de la Programación Neurolingüística, el VAK es un recurso que nos ayuda a poder saber de qué manera se comunican las personas y cómo están interpretando las situaciones.

VAK significa *Visual, Auditivo y Kinestésico.*

Tener esta información te hará comprender por qué en ocasiones hay personas con las cuales no puedes tener una comunicación agradable y efectiva. Una vez aprendes a interpretar de qué manera te está hablando la persona que tengas delante, será más fácil generar empatía y entendimiento. Estos conocimientos aplicados en el trabajo, en la familia o con los amigos cambiarán a positivo cualquier malentendido, ya que confirmarás que las personas interpretamos el mundo de maneras diferentes.

Las personas utilizamos todos nuestros canales para comunicarnos, pero tenemos uno que es nuestro favorito. De cada canal hay ejercicios para que practiques y aprendas a percibirlos.

VISUAL

Este es un canal que tiene las siguientes características:

Estas personas cuando están hablando ven imágenes de lo que dicen, y para verlas miran hacia arriba.

Suelen hablar muy deprisa, para no dejar detalles de lo que están viendo, su tono de voz es alto y sus ojos van de un lado para otro sin parar.

En una conversación te explican una cosa y cambian de tema, y en ocasiones desconciertan a la persona con la que hablan, ya que pareciera que no están atentos. Y no es que no estén atentos, es que de un momento a otro vienen a su mente imágenes que tiene que explicar sin más.

Podemos decir que este es su canal de comunicación favorito. A estas personas las llamaremos **visuales**.

Los visuales tienen unas características interesantes que tienes que tener en cuenta para poder entender su manera de interpretar; estas personas miran todo de manera global, son muy buenos para crear proyectos de futuro, ya que su visión es expandida, son visionarios, crean dentro de su mente cosas que algunas personas no pueden entender, pero, una vez que las explican con conocimiento y fundamento, pueden transformar cualquier situación de futuro, ya que ven cosas que los demás no perciben.

Aprenden rápido y se aburren si no tienen planes, suelen ser muy puntuales, creativos, no saben estar en un mismo lugar, les gusta el cambio. Estas personas trabajan más con el hemisferio derecho, ya que ahí es donde se trabaja la creatividad y la sensibilidad, por eso es que a la hora de visualizar perciben lo que puede gustar a la gente.

El lenguaje es una de las claves para poder saber en qué canal se está comunicando. Los predicados que ves en este apartado son algunos de los que utilizan las personas cuando interpretan en este canal.

VER, MIRAR, OBSERVAR, COLOR, MOSTRAR, ACLARAR, ESCLARECER, ILUMINAR, DESTELLAR, EMPAÑAR, SUPERVISAR, REVELAR, PERSPECTIVA, BRILLANTE, NÍTIDO, VISIÓN, CONFUSO, ENFOCAR, HORIZONTE, PANORAMA, APARIENCIA.

Algunas frases hechas que utilizan son: «A simple vista», «Tener a la vista», «Te veo».

Si tienes algún hijo que se comporte de esta manera y en la escuela te han dicho que tiene TDAH (Trastorno por Déficit de Atención con Hiperactividad), es posible que no tenga nada, simplemente es que su mente trabaja de esta forma, que al ser muy movida no pueda estar quieto, pudiendo ocasionar algún tipo de conflicto.

Te sugiero que lo lleves con un experto en materia que pueda dictaminar con estudios que realmente tiene un problema, ya que en la actualidad hay un alto porcentaje de niños que son tratados con medicación que en ocasiones no es necesaria.

Pregunta a alguien que tengas por ahí a tu lado: ¿DE QUÉ COLOR ES LA PUERTA DE TU CASA, SALÓN, SOFÁ, O TU COCHE? Observa qué hacen sus ojos, si han ido hacia arriba su mente ha tenido que ir a buscar la imagen del objeto por el cual le preguntaste.

AUDITIVO

Este es un canal en el cual las personas interpretan el mundo mediante lo que escuchan. Sus ojos a la hora de conversar suelen estar en el centro a la altura de las orejas.

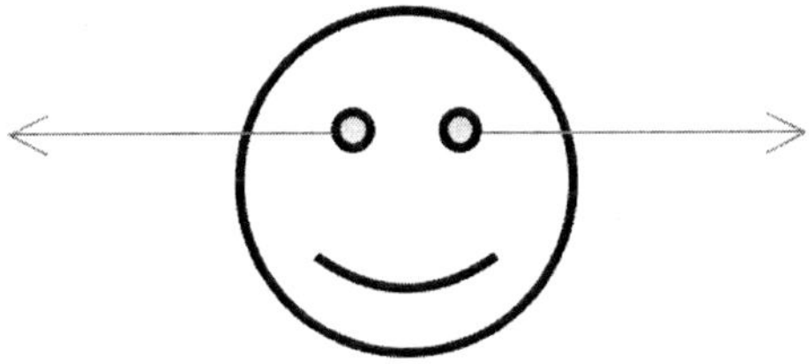

Observa cómo sus ojos se mueven en ese espacio de un lado a otro, mientras hablas te observan la boca, ocasionalmente se tocan las orejas y, al hablar, suelen tener un tono medio, pronuncian perfectamente lo que hablan y acostumbran a tomar notas. Este tipo de representación es muy interesante, ya que todo lo que escuchan se les queda grabado de alguna u otra manera, ellos se acordarán de cosas que pueden ser de vital importancia para realizar alguna actividad o expresar algo, son muy buenos narradores, les encanta escuchar música.

Podemos destacar que son organizados y buenos oradores, de hecho la información que te brindan será muy detallada. Suelen ser personas centradas y elocuentes que repiten las cosas para cerciorarse de que les has escuchado.

Las palabras que utilizan con frecuencia están relacionadas con escuchar: RESONAR, ARMONÍA, REPETIR, SINTONIZAR, CHIRRIAR, DISCUTIR, TOQUE, ESCUCHAR, SONAR, RUIDOSO, SUSURRO, AFINAR, OÍR/OÍDO, DECIR, BALBUCEAR, CHASQUIDO, SILENCIO.

Para saber si alguien de tu entorno interpreta en este canal de comunicación pregunta: ¿RECUERDAS LA CANCIÓN DE NUESTRA BODA, FIESTA, EVENTO? ¿CÓMO SE LLAMA LA CANCIÓN QUE CANTA? ¿QUÉ FUE LO QUE DIJO?

KINESTÉSICO

Las personas que interpretan el mundo en este canal son personas que hablan despacio, con un tono de voz muy bajo, y sus ojos suelen estar mirando hacia abajo.

Te da la sensación de que fueran tímidos, pero no es así, estas personas, cuando reciben información, esta pasa por el canal de la sensibilidad. Con esto quiero decir que pasa por el filtro de sentir a nivel corporal, emocional, del gusto, del olfato, pueden emocionarse y tener ganas de llorar o de reír con lo que escuchan o ven.

Les encanta llevar una agenda donde apuntar. Sentir que pertenecen a un grupo es importantísimo, si no tienen esta sensación, se sienten excluidos, aunque eso no sea verdad. Cuando hablan les gusta que les escuchen y que no les abrumen con muchas ideas, también les molesta que les interrumpan mientras hablan.

Suelen ser muy sensibles a cualquiera de los acontecimientos que pasan en su día a día, les gusta guardar silencio y sentir lo que la gente les explica. Aprenden desde la práctica, y es fantástico que sea así, ya que lo integran de manera más simple. Para ellos tomar decisiones puede ser un conflicto, ya que les lleva un tiempo adaptarse a nuevas circunstancias y es por eso que les cuestan los cambios.

Algunas de las palabras que utilizan son: SENTIR, FIRME, JUNTOS, RELACIÓN, TACTO, CONECTAR, PRESIONAR, CAPTAR, DURO, COMPLEMENTAR, DIVERTIDO, SUAVE, ENTUMECER, TROPEZAR, ADECUARSE, GOLPEAR, CÓMODO, CAPTAR, MANEJAR.

Pregunta a alguien cómo se sintió en su boda, graduación, cumpleaños, etc., y observa lo que hacen sus ojos y confirma lo antes escrito.

Hay otra manera de interpretar que es **DIGITAL;** esta es la suma de todas las características antes expuestas. Se confunden con los auditivos, ya que su mirada también está en el centro mientras escuchan. Una característica de ellos es que al recibir cualquier información la organizan en un momento. Su mente es como un archivador gigante donde van depositando la información clasificada, la memorizan paso por paso, son metódicos, racionales y lógicos.

Se fijan mucho en los detalles. Necesitan comprender y dar sentido al mundo que les rodea. Suelen ser grandes empresarios. Algunas características es que tardan en confiar en la gente, son testarudos y no les gusta que les digan lo que tienen que hacer. Para obtener información tienes que pedírsela específicamente, ya que por iniciativa no te la darán.

Son muy buenos resolviendo problemas complejos y cuidan muchísimo los detalles. Como puedes darte cuenta, el canal digital es una pasada, y el secreto es que trabajan con los dos hemisferios conectados de manera natural. En su interpretación interviene la parte matemática y la creativa.

¿Has identificado tu manera de comunicar?

A partir de este momento empezarás a ver el mundo con otras gafas, las de la **conciencia expandida**.

Observa a las personas con las que tienes más relación y analiza las características de lo que has leído hasta ahora, compáralo con el «cómo» se comportan. Hay momentos en los que no puedes entender a una persona, piensas mal, la juzgas, la criticas y hasta te enfadas por su comportamiento, pero ahora ya sabes que cada uno interpretamos el mundo de maneras diferentes y que por tanto hay que respetar e intentar empatizar. Si quieres tener una buena comunicación con el resto de personas, identifica en qué canal se está moviendo y habla su mismo idioma, comparte su tono de voz, sus predicados y sus gestos.

Empatizar significa ponerte en la piel del otro. Utilizar su lenguaje, sus gestos, es convertirte en un camaleón de vida, así evitarás discusiones y ganarás entendimiento.

Si pones a un visual con un kinestésico a compartir, lo más seguro es que no se entiendan, ya que al visual le parecerá aburrida la conversación y el kinestésico terminará agobiado de tanta información. Ahora sabes que, si empatizas, puedes tener relaciones más sanas.

Aclaro que las personas no es que sean visuales, auditivas, kinestésicas o digitales, ya que todas utilizamos todos los canales, pero tenemos uno que es nuestro favorito. Dependiendo de las circunstancias en las que nos encontremos, la información entrará por los filtros de un canal u otro.

Te pido que observes cómo interpretas. Piensa en alguna situación, la que quieras, por ejemplo, alguna vivencia del día, y date cuenta de qué es lo que pasa en tu mente y en tu cuerpo, te sorprenderás.

Si tienes hijos, este es un gran recurso que te ayudará a comunicarte en su canal preferido una vez lo tengas identificado. Practica el hablar su idioma, ya verás que obtendrás una mejor relación con ellos que cambiará a positivo, ya que se sentirán que realmente les entiendes.

DIÁLOGO INTERNO (PENÉLOPE)

El primer paso para empezar a tomar consciencia es el descubrimiento de tu inconsciente. Este se manifiesta hablándote todo el día, sin dejar espacio para otra cosa que no sea su voz.

Sin darte cuenta, tú eres la voz del inconsciente. Nuestros pensamientos generan unos movimientos micro-musculares que hacen que la boca se mueva, son tan pequeños que pasan desapercibidos, y estos se convierten en un diálogo interno el cual nos interesa, pero solo en algunos momentos.

Para poder conectar con tu diálogo interno de manera natural y cotidiana, lo bautizaremos, le pondremos un nombre.

Sé que te puede parecer de locos, no obstante, para conseguir silencio en la mente, es necesario ponerle un nombre y reconocerle como entidad viva e independiente, para así poder reeducarle.

Piensa que tu inconsciente vive contigo y no se puede ir a ningún lado, así que ponle un nombre que te genere buenas emociones.

Esta relación la tienes que mirar y sentir como una que tengas de verdad con un mejor amigo al que quieres muchísimo. En las buenas relaciones es sabido que, por mucho que quieras a ese amigo, no puedes estar las 24 horas hablando con él, ya que cada uno tiene cosas que hacer, pero sabes que cuando le necesitas ahí está.

¿Ya has elegido el nombre que le vas a poner?

La mía se llama Penélope, ella y yo estamos muy unidas, somos las mejores amigas. Hacerla mi mejor amiga me ha traído grandes beneficios.

¿Recuerdas que al empezar el libro te dije que estiraras los brazos y que caminaras descalzo? Este acto que has realizado te estaba enfocando en el aquí y en el ahora, estabas tomando consciencia de lo que estaba yo diciendo que hicieras. Ese acto pudo traer a tu mente un sinfín de historias, quizá hacías lo que te pedí que hicieras o quizá tu Penélope no dejaba de hablar, y ese acto de no callar te ha impedido disfrutar de ese momento. Ya sé que lo que te pedí que hicieras no era nada del otro mundo, sin embargo era un momento para disfrutar de algo que seguramente no haces con frecuencia, que es estar enfocado.

En este proceso de reeducar a Penélope, es muy importante la consciencia para generar una buena comunicación.

Si tienes la costumbre de dejarle hablar todo el día, le vamos a enseñar que no podemos compartir las 24 horas hablando. Ahora vamos a poner unos horarios para hablar con ella/él.

Le dejaremos hablar por la mañana y por la noche antes de dormir.

Por las mañana la educaremos para que nos dé mensajes positivos al respecto de nosotros. Te levantarás por la mañana con una gran actitud, no sé en qué momento te encuentras, mas, si quieres generar un cambio, ya sabes, tienes que empezar a hacer cosas diferentes, así que, por la mañana, te pondrás frente al espejo y te dirás cosas bonitas como: ¡Qué guapa/o amanecí hoy!, ¡Qué día más lindo me espera!, ¡Soy un/a triunfador/a! ¡Nací para ser feliz y mi mundo está lleno de amor! ¡Yo puedo!

Dependiendo cual sea tu situación, te dirás cosas que sean lo contrario de lo que te venías diciendo constantemente. Cada uno se identifica con frases diferentes que nos dan poder y nos hacen sentir bien. La intención de que hagas esto es para que generes nuevas neuroconexiones en tu mente, para así brindarte la oportunidad de percibir la realidad de manera más sana y después poder actuar.

Una creencia comienza con una idea, si tú la confirmas, la validas, se estará convirtiendo en una nueva creencia poderosa al respecto de ti. Las creencias tienen el poder de crear o de destruirte, lo que te dice tu Penélope es una idea que en el tiempo le has hecho creer que es así, por eso lo que haremos será crear nuevas creencias respecto a ti.

Y durante el día tienes que hacerle sentir que tú, de manera consciente, eres el responsable de tus pensamientos, no puedes dejar que esté todo el día hablando, así que tienes que hacerla callar. Se lo tienes que decir con contundencia: ¡CALLA, PENÉLOPE! Tiene que saber que tú ahora tienes el control sobre tu persona, y no ella/él.

Que sepa que le quieres, aunque no te gusta que te asfixie. Me da igual donde estés, si vas por la calle tranquilamente y te está hablando, no dejes que lo haga, has de hacer que calle. Sí, se lo dirás en voz alta: ¡CÁLLATE, PENÉLOPE!, AHORA NO TOCA.

Al principio te costará hacerla callar, ya que está muy acostumbrada a hablar, se rebotará, se enfadará e intentará sabotearte con sus pensamientos negativos constantemente, pero tú tienes que ser responsable para continuar con esta nueva manera de hacer. Te puede decir muchísimas cosas que no son positivas, pero no importa, tú ahí firme; ¡CÁLLATE, PENÉLOPE!

Le costará más o menos, pero con el tiempo y la práctica aprenderá que solo tiene dos momentos al día para compartir contigo.

Por la noche antes de dormir te voy a pedir que hagas lo siguiente:

Cuando estés acostado en la cama haz un repaso de tu día, visualiza como si fuera una película todo lo que hiciste, esto te servirá para poder acceder a la información que tiene tu Penélope. Mientras repasas dicha película tendrás emociones respecto a alguna parte de la película, detente ahí donde se genere una emoción; si es positiva, te pido que la hagas más grande, le pongas más color, que la vivas con agradecimiento. Si en la película te encuentras con emociones negativas, primero que nada identifica qué es lo que pasó y cómo podrías haberlo hecho de otra forma. Esta acción cambiará tu emoción, ya que serás consciente de que cuentas con los recursos para actuar con un comportamiento diferente que te haga sentir mejor.

Esta práctica es una conversación con tu inconsciente de manera organizada, ella tiene la información y tú solo la analizas. Cuando empiezas a practicar, día sí y día también, el sentimiento de seguridad irá cambiando, ya que cada día te sentirás más poderoso y responsable de tus actos. A esto yo lo llamo **consciencia expandida.**

Es decir, cuando tienes una vivencia tienes que saber cuáles son las emociones que te genera dicha vivencia, el vivir aquí y ahora es disfrutar con plenitud cada momento como si fuera algo nuevo, diferente, que nunca has vivido. Si empiezas a practicar hoy todo lo anterior, podrás disfrutar de tu Penélope, será tu aliada, ya que podrá determinar de manera inconsciente lo que está bien para ti y lo que no. Ser consciente de cada paso que das no tiene precio.

La intención de que integres esto en tu vida es porque deseo que realmente disfrutes de cada segundo que vives y, lo más importante, que te des cuenta de cuándo no lo estás haciendo. A esto yo le llamo **consciencia en práctica**:

el darte cuenta de lo que está sucediendo es un gran paso, de hecho es el más importante. Si no lo practicas, te estarás perdiendo muchas cosas que pueden ser de gran importancia para tu vida.

Hagamos un ejercicio:

Cierra los ojos y piensa en alguna situación que te traiga un recuerdo lindo, maravilloso (por ejemplo, tu boda, tu primer beso, una reunión con los amigos, el nacimiento de algún hijo, algo que te haga sentir bien). Revive cada momento como si estuvieras ahí, revive la experiencia de manera que veas, escuches y sientas qué pasó en ese momento, quiero que te des cuenta de qué es lo que ha pasado después de haber revivido dicha experiencia. ¿Has sonreído de manera natural? ¿Has sentido alguna emoción en el estómago, en la cabeza, en las manos?

¿En dónde has sentido alguna sensación diferente? ¿Has escuchado algo que llamara tu atención? Estas preguntas son importantes, quiero que aprendas a detectar las emociones y de qué manera se representan en tu persona para así tener una mejor conexión con tu Penélope.

Las emociones están vinculadas con nuestros pensamientos y la manera en que interpretamos el mundo.

Hace algunos años, cuando era niña, mi madre me pidió que fuera a comprar verdura; era una tarde lluviosa y hacía frío, cogí el abrigo con capucha y salí en busca de lo que mi madre me había pedido. Para llegar a la verdulería tenía que cruzar una avenida muy grande y peligrosa. Entonces yo hice lo que me habían enseñado de pequeña, miré hacia los dos lados para ver si venía algún coche.

Según yo, no venía ninguno, y, sorpresa, lo que había visto era el interior de mi abrigo, o sea, de la capucha. La verdad es que no estaba atenta, pensaba en que tenía que hacer cosas de la escuela y ver a los amigos, y cuando reaccioné de mi diálogo interno estaba en el suelo, había mucha gente a mi alrededor que decía «no te muevas, espera, que ya viene la ambulancia». Sin pensar, venían a mi mente imágenes de qué era lo que había sucedido; al cruzar volé y caí encima de un coche, y después caí al suelo. Mirar a todas esas personas rodeándome me generó miedo, pensé que estaba muy mal; además, en mi mente tenía la preocupación del encargo que me había hecho mi madre.

Comencé a mover cada una de mis extremidades, primero los pies, luego las piernas, los brazos, las manos, en un momento me di cuenta de que todo estaba en su sitio y sin más me levanté.

La gente, angustiada, me decía: «Espera, que ya viene la ambulancia», pero yo no tenía ganas de estar ahí y les contesté: «Estoy bien, mi madre me está esperando con la compra para hacer la comida». Regresé a casa y le dije a mi madre: «Me han atropellado». No sé si mi madre era de otro mundo o no me entendió bien, ya que su reacción fue: «¡Ah! ¿Estás bien?». «Sí, creo que no me he roto nada», le dije.

Le expliqué lo sucedido y, para mi sorpresa, mi madre no le dio ningún tipo de importancia, y entonces pensé: «Será que no es importante».

Y pasaron los días, y yo estaba muy bien, no tenía ningún síntoma de nada. Aquella avenida la tenía que seguir atravesando constantemente, y lo hacía con normalidad sin ningún tipo de problema.

Los años pasaron y me cambié de casa. Un día me llamaron unos amigos que seguían viviendo ahí y quedamos para vernos. Ese día llovía y estaba en el lugar donde me habían atropellado, y tenía que cruzar aquella avenida. Sorprendentemente, no podía hacerlo. Me quedé paralizada, empecé a temblar, me sentía mal, las manos me sudaban, no entendía qué era lo que pasaba, hasta que por fin, después de varios intentos, crucé. Al hacerlo, dejé de sentir todos esos síntomas. En realidad no fui consciente hasta que entendí que mi inconsciente tenía un programa de los componentes externos de dicha situación.

Esto quiere decir que mi Penélope me estaba avisando: «Corres peligro», pero yo no entendía qué era lo que me estaba intentando decir. En realidad no corría peligro, pero externamente existían componentes que la estaban alertando por la experiencia antes vivida.

¿Alguna vez te ha pasado que llegas a algún lugar en el que no te sientes cómodo y piensas «me marcharía en este momento de aquí»? Esta reacción puede venir de tu inconsciente, que relaciona componentes externos, ya sean sonidos, imágenes o sensaciones, que te están alertando para sobrevivir; y también pueden ser tus reglas del juego que, si las cosas no son como lo digo yo, entonces no me siento cómoda/o; pero si es Penélope la que habla y no tu ego, es interesante hacer caso, ya que tus vivencias dejan un recuerdo grabado a nivel emocional, mental y celular.

Cuando la vivencia que has tenido ha sido muy fuerte, llamémosla situación límite o de *shock*, la información se queda ahí con más fuerza, ya que, como te expliqué anteriormente, lo único que quiere el ser vivo es sobrevivir, y para hacerlo puede generar un estado alterado que en ocasiones nos molesta. Este puede ser representado de manera física o emocional, es su manera de comunicarse contigo y decirte: «Haz otra cosa».

Por ese motivo es que te sugiero que te hagas amigo de Penélope, recuerda que cuenta con todos los datos que necesitas para sobrevivir de una manera más simple.

Ahora te pido que toques tu frente y digas *mente;* ahora toca tu plexo solar y di *alma;* repite tres veces «mente-alma». Este gesto te acompañará para recordar la fuente del equilibrio y conexión con tu inconsciente.

PARA RECORDAR:

- Las personas representamos el mundo mediante imágenes, sensaciones y sonidos.

- Existen varios tipos de comunicación: Visual, Auditiva, Kinestésica y Digital.

- El poder de tu vida es tuyo, tú eres quien determina qué sigue en tu historia personal.

- Consciencia es saber qué está pasando dentro y fuera de tu mente.

- Incongruencia es el arte de pensar una cosa, decir otra y hacer otra; en realidad no es un arte, es un desastre.

- Penélope trabaja para ti en equipo cuando le has enseñado que tú eres el responsable de tu destino.

- Aprender a escuchar el aquí y el ahora es establecer la conexión con tu alma.

- Practicando día sí y día también, creas una consciencia expandida y disfrutas de cada momento.

- Mantente ocupado en cosas que sean importantes para ti, el no tener qué hacer es la madre de algunas desgracias.

EXPERIENCIA

Nuestra mente es como si fuera un ordenador gigante que tiene un programa, el mismo que fue instalado cuando éramos niños.

Mediante este programa hemos actuado una y otra vez, sin importar que los resultados sean lo contrario a lo que esperamos. Aprendemos mediante la observación, modelando (imitando) a las personas que se hicieron responsables de nuestra educación, de hecho, para aprender a caminar tuvimos que observar lo que hacían los adultos, y así emprendimos la acción de hacerlo. Somos perfectos imitadores de actitudes y creencias que se viven dentro de nuestro entorno más próximo. Esto puede ser muy positivo si los resultados son los que deseas, no hace falta cambiarlo. Ahora, si los modelos que has seguido hasta hoy no te han servido, cámbialos.

Las personas representamos el mundo mediante las situaciones que hemos vivido, o sea, nuestra experiencia. ¿Tú cómo sabes si algo te gusta o no? Hay dos maneras de saberlo: o lo has vivido o te lo han contado. Cuando lo has vivido, has adquirido una experiencia que se convierte en una realidad, esta realidad te da la pauta de saber si te es útil o no.

Basarnos en la experiencia es la manera más fiable de saber si hacemos una cosa u otra. Por desgracia, en algunas ocasiones repetimos patrones de conducta que no son los más adecuados para nosotros, y no lo son porque lo que es útil para algunas personas no quiere decir que te sea útil a ti.

Somos diferentes en forma, en pensamiento, en significado, en interpretación, así que, cuando tengas que hacer algo que sea de importancia, observa en el espejo de la vida, analiza sus resultados y, posiblemente, esto te dará la respuesta de qué es lo que tienes que hacer.

¿Qué pasa cuando te han compartido una idea en tu entorno?

En ocasiones sueles creer lo que esta persona te está diciendo sin poner ninguna resistencia, a esto lo llamaremos una **creencia construida** de algo que no has experimentado y es tu elección hacer o no.

¿Alguna vez te han contado alguna experiencia dramática o linda?

Seguramente asientes con la cabeza diciendo: ¡Sí!

Pues permite que te cuente una historia.

Conocí a una persona de la cual aprendí mucho, ella era una mujer de 38 años que un día, sin más, apareció en mi vida. Esta mujer estaba enferma de cáncer, era esposa de un amigo de mi marido. Un día fui al hospital, recuerdo que al entrar vi a una mujer derrotada, que apenas podía moverse. A ella le dio mucho gusto que alguien fuera a visitarla, ya que ella era extranjera y su familia no podía estar a su lado, de hecho esa fue una de las razones por las que decidí pasar tiempo con ella. Mi experiencia era que yo soy extranjera, mi familia está muy lejos de mí y si un día me enfermo me gustaría que alguien estuviera a mi lado.

En mis visitas hablábamos de lo hermosa que es la vida y de lo bien que se iba a poner, le leía algún libro y comentábamos al respecto de ello. Yo insistía en que las cosas cambiarían, que ella se recuperaría y que pronto estaría con su familia.

Recuerdo que en una de nuestras conversaciones me dijo que plantaría tomates porque a ella se le daba muy bien y que le hacía ilusión poder compartirlos conmigo. Yo me emocionaba escuchándola, notaba que tenía ganas de hacer cosas y eso era muy bueno. Los días pasaron y aquella mujer se empezó a recuperar de una manera sorprendente, el color de su cara cambió, ella estaba contenta.

Un día me llamó para comentarme que le habían dado el alta, y se fue a casa, me puse muy feliz de que así fuera. Continué visitándola en casa, nuestras largas conversaciones y nuestro día a día nos hicieron crear una bonita amistad. Una vez que estuvo en casa plantó los tomates y la vida continuó, su esposo me tenía un gran aprecio, decía que le había devuelto la vida a su mujer. Evidentemente esas palabras eran mentira y me provocaban una mala emoción, para mí ella era mi amiga, yo solo quería estar ahí a su lado acompañándola en esa etapa, yo no podía interpretar como su mente, era ella la que estaba logrando la magia de vivir.

Un día iba de salida para su casa cuando sonó el teléfono, era Ángel, su marido, y me dijo: «Lili ha muerto». Así, sin más.

Yo no entendía nada de lo que estaba pasando, me quedé sin aliento y las lágrimas se apoderaron de mis ojos, sentí un vacío tan grande que solo yo pude experimentar, pensaba: «¿Qué pasó? ¡Estaba estupenda!».

No entendía nada, la acababa de ver, mi mente estaba confundida. Ángel me pidió que fuera al hospital para que la viera antes de que se la llevaran al tanatorio. En realidad yo no tenía ganas de ver a mi amiga Lili sin vida, así que salí de casa sin ser consciente de lo que había pasado, cogí el coche y recuerdo ir sin rumbo. Cuando llegué al hospital me dijeron que estuvieron esperando a que llegara, pero que al haber tardado tanto se la habían llevado al tanatorio. Mi pregunta fue: «¿Qué fue lo que pasó?». Y

Ángel me contestó: «Katia, ella ya sabía que se iba a morir, todos lo sabíamos, cuando tú entraste en su vida a ella ya la habían desahuciado los médicos, decían que le quedaban días, que no pasaría de un mes. Ella era consciente de que no había nada que hacer».

Cuando escuché esto me quedé sin palabras, y reflexioné al respecto de la gran lección que había aportado a mi vida. Para ellos yo estaba aportando algo y al vivir su muerte comprendí que la lección magistral me la dio ella a mí. Me enseñó a ser valiente, a ver lo positivo dentro de la desgracia y a nunca rendirme a pesar de tener todo en contra.

Después de unos días fui a su casa a buscar unos libros que le había dejado y con sorpresa descubrí que dentro de uno de los libros había una nota para mí, en la que decía:

Mi querida Katia, agradezco haber podido compartir contigo mi última experiencia de vida, ha sido un regalo que disfruté plenamente, tu compañía me aportó esperanza y confirmé que la vida es magnífica, a pesar de todos los inconvenientes que trae consigo.

Te quiero, Lili

De verdad que esta mujer marcó mi vida, pero ahí no termina la historia. Pasó el tiempo y un día me llamó Ángel y me pidió que fuera a su casa. Accedí. Pensé: «Será que necesita algo».

Después de la nota que había encontrado ya nada podía sorprenderme.

Al entrar en aquella casa todo fueron recuerdos que se agolparon en mi mente, recibí un fuerte abrazo de Ángel y me dijo: «Hay algo que es para ti».

Mis pensamientos creaban imágenes de incertidumbre al respecto, por todo el salón veía fotografías de mi querida amiga. Me pidió que esperara, y así lo hice. De pronto salió de la cocina y traía una bolsa de plástico blanca y me la dio. Me dijo: «Son para ti». Abrí la bolsa y vi tomates, eran los tomates que mi querida amiga había plantado. Fue un momento especial, los tomates tenían un significado, mi amiga había dado vida a otra cosa.

Sí, dio vida a mi compromiso de ayudar a las personas a vivir una vida plena y de dar lo mejor de mí en cada momento. Aprendí que los resultados puedes verlos o no, mas sabes que has sembrado, y ese es uno de los motivos por los que decidí sembrar. Quizá no vea todos los resultados, pero sé que otros disfrutarán de los tomates. Y eso para mí tiene un valor incalculable.

Su marido estaba muy triste y abatido por la pena, se repetía constantemente: «No quiero vivir, extraño a mi mujer, la vida sin ella no tiene sentido». Le escuché tantas veces decirlo que yo pensaba: «No ha aprendido nada». Intentaba darle ánimos, aunque él no quería escuchar nada, ni saber nada, solo quería morirse; y a los nueve meses Ángel murió de cáncer de hígado.

¿Para qué crees que te cuento esta historia?

Ahora te pregunto: ¿Qué pasa con esa experiencia que te he contado? ¿Qué significado tiene para ti?

En este momento puedes pensar: «Qué triste, pobre, qué experiencia más dura», o puedes decir «qué suerte tuvo que le pasara, menuda lección», etc.

Son ideas de experiencias vividas por terceras personas que no pueden determinar un significado real para ti. Me explico. Piensa en si alguien de tu entorno puede saber lo que has experimentado con el «estírate hacia un lado, hacia el otro o andar los pasos que acabas de dar». Seguramente has contestado que no, y es una respuesta correcta, ya que lo has vivido tú. Ellos quizá en algún momento hayan realizado dicha acción, solo que hay una pequeña diferencia: tú estabas siendo consciente de lo que estabas haciendo y ellos no.

Si ahora tú le cuentas a alguien de tu entorno lo que has hecho y lo que has leído, solamente se dejará influenciar por lo que tú estás diciendo, que son tus emociones de lo antes dicho. Y así, mediante información externa, se generan algunas de nuestras creencias, que pueden serte de utilidad o no.

PARA RECORDAR:

- Si no lo vives, no lo sabes.

- Las experiencias de terceras personas se convierten en creencias construidas que no son útiles.

- La experiencia que te será de utilidad es aquella en la que has obtenido un resultado positivo.

- Enfoca todas las experiencias de tu vida como un gran aprendizaje.

- Recuerda que lo que sucede conviene, no puedes contar del 1 al 10 sin pasar por el 9, y quizá ese 9 te dé la posibilidad de llegar al 10 con excelencia.

CREENCIAS

Una creencia es el sentimiento de certidumbre sobre el significado de algo.

YO SOY.

¿Recuerdas que hemos hablado de consciencia, de palabras, de interpretaciones, de experiencia, etc.? Según la información que se depositó en tu mente, esta ha generado unas creencias que ahora te pueden estar limitando para realizar lo que algún día soñaste, o quizá ya olvidaste lo que soñaste que algún día podrías ser.

Vamos a descubrir a ese ser maravilloso que habita dentro de ti, y para eso te pido que respondas a las siguientes preguntas:

¿Quién eres tú? ¿Quién te ha hecho creer que eres así? ¿Cómo sabes qué eres?

Escribe quién te lo ha dicho, cuándo, dónde y por qué te lo han dicho.

Te recuerdo que **no eres de ninguna forma, solo eres un cúmulo de experiencias, y que si te etiquetas «yo soy» así cierras las posibilidades de hacer, de crecer y de ser feliz**.

Las creencias tienen un poder increíble, y estas determinan el cómo te comportas e interpretas la vida. Para que se genere una creencia es necesaria una información o idea de algo, y una vez que le das poder se convierte en una creencia. Darle poder significa obtener más información que valide esa idea. Una vez lo haces, tu mente empieza a dar fuerza a esa información, generando una neuroconexión (una nueva red neuronal).

Las redes neuronales son la asociación de situaciones y experiencias vividas. Mientras más información tengas al respecto de tu nueva creencia, esta tendrá más o menos poder. Ellas tienen el poder de crear o de destruir a una persona, cosa o situación. También es cierto que se pueden cambiar.

Ahora te pido que saques un bolígrafo y te tomes unos minutos para reflexionar qué es lo que te dices o te dice la gente, ya que es posible que la gente te haya puesto una etiqueta de quién eres y la hayas hecho tuya, les has creído.

Vamos a trabajar de una manera divertida y dinámica, y vamos a desmontar las creencias negativas que puedas tener al respecto de tu persona y de tu manera de hacer las cosas. Las positivas vamos a potenciarlas. Para ello necesito que hagas una lista: por un lado escribe en una columna las negativas y por el otro las positivas.

CREENCIAS POTENCIADORAS	CREENCIAS LIMITADORAS
______________	______________
______________	______________
______________	______________
______________	______________
______________	______________

En esta lista pueden aparecer varias palabras que tengan un significado específico para ti, necesito que seas sincero y escribas cuáles son; por ejemplo: soy desordenado, soy tonto, soy poca cosa, etc.

Quiero que empecemos a cuestionar qué es lo que te ha llevado a pensar eso de ti, me da igual si han sido terceras personas las que lo han hecho, recuerda que las creencias son ideas y tú te encargas de convertirlas en realidades. Ahora cuestiónate de la siguiente manera.

Vamos a hacer un ejercicio, a este ejercicio le llamo «el Limpia Platos». ¿Alguna vez has hecho una comida en casa y al terminar de comer has dejado los platos dentro del fregadero?

En ese lugar los platos están apilados uno encima de otro, para después ser lavados. Esta es una manera sencilla de ir sacando tus creencias. Imagina que cada plato es una creencia, tanto las que te potencian como las que te limitan. Los platos están ahí en esa montaña uno encima de la otro esperando que les pases un poco de agua y jabón para limpiarlos. Habrá algunos que estén muy sucios, estos se tendrán que limpiar con más energía; quizá tengas que rascar un poco para poder quitar bien la grasa, la comida que está pegada (esto quiere decir que tendrás que tomar conciencia de ello sin ignorar ni un solo detalle)... Después de ese trabajo el plato quedará limpio, brillante, habrá cambiado su estado. Habrá otros que parecerá que estén limpios, a esos solo hará falta darles una pasada y verás cómo en seguida quedan limpios y brillantes. Pues esto funciona así, se trata de limpiar (cuestionando) hasta llegar al fondo de la suciedad (creencias limitadoras), y los que están más limpios (creencias potenciadoras) solo hará falta abrillantarlos para poder seguir utilizándolos de manera efectiva.

La forma efectiva de mantener los platos limpios es que cada vez que se ensucien se laven. Así evitarás que la comida se pegue de manera permanente. A esto lo llamo tomar consciencia.

Y en cuanto Penélope empiece a decirte cosas que puedan ensuciar tus platos, ya sabes, pasa agua y jabón para así mantener tu mente tranquila, ya que tú sabes que eres el responsable de tener los platos sucios. ¿Que cómo los limpias? Pues sencillo: CUESTIONÁNDOTE.

Pongamos un ejemplo: la creencia «soy un irresponsable». En ese lugar tú pon alguna de las creencias que salieron en tu lista y comienza a trabajar en ella. Este ejercicio se hace cuestionando en voz alta, cuanto más te escuches podrás sentir una emoción más intensa de lo que te generan esas respuestas. Es parte del ejercicio que tomes consciencia de lo que sientes para así poder cambiarlo.

¿En qué situación eres irresponsable?

¿Quién dice que eres irresponsable?

¿Qué evidencias tienes de que eres irresponsable?

¿Qué te aporta ser irresponsable?

Hasta aquí estamos trabajando la creencia desde un punto de vista en que te quedas sin recursos para poder actuar de manera útil, estamos analizando la raíz de la emoción o de la interpretación que has creído o te han hecho creer que eres.

Pasemos a las siguientes preguntas:

¿Siempre eres un irresponsable?

¿Hay alguna situación en la que no lo seas?

¿Cuándo no eres un irresponsable?

¿Dónde no eres un irresponsable?

¿Puedes verte siendo irresponsable?

¿Qué sensación te produce no serlo?

¿Cómo te escuchas no siéndolo?

Con estas preguntas estamos abriendo tus marcos de referencia al respecto de lo que piensas de ti, y estoy convencida de que no siempre eres irresponsable. Es importante que te des cuenta de que las personas no somos de ninguna manera. Cuando tú determinas que eres así, estas limitando tu campo de acción, es como si te quedaras bloqueado en un cuadrado y cada vez que intentases avanzar chocases con el muro. Y de ahí no puedes salir. Para cualquier lado que te muevas chocarás con esa creencia que has construido mediante la interpretación de las cosas.

Las personas actuamos según las circunstancias que tenemos, y lo más interesante de toda acción que realizamos es que hacemos lo mejor que sabemos en cada momento. (Los platos se están lavando.)

Continuemos con las preguntas.

¿Es como deseas sentirte (responsable)?

¿Cuándo tomas la decisión de integrar el comportarte con responsabilidad en tu vida?

¿De qué manera puedes integrarlo, en qué actividades puedes hacerlo?

¿Qué pensarías si estas respuestas fueran de otra persona?

¿Qué le dirías a esa persona que hiciera?

Las emociones son lo que mueve a las personas, y estas preguntas son clave porque despiertan en ti emociones muy positivas de cómo te gustaría sentirte. Por otra parte, estás tomando una decisión en la que quieres generar un cambio, y este «hacer» es el más importante, ya que, si tú quieres, puedes; la otra parte es saber el «cómo se hace» para conseguir cambiarlo.

Al preguntarte qué pensarías si estas respuestas fueran de otro te da la receta de lo que tienes que hacer. A las personas nos encanta dar recetas al respecto de lo que se tendría que hacer o no. Estas preguntas te dan la pauta de qué es lo que tienes que hacer para poder emprender un cambio al respecto de lo que piensas de ti.

Ahora trabajemos con las creencias positivas que tienes de ti. Esto es maravilloso de hacer, ya que te estás reconociendo como esa persona que dices ser. Por mi parte en este momento aparece una incongruencia, ya que anteriormente te dije que tú no eras de ninguna forma, y es así, pero quiero que sepas que, si tú te ves, te sientes, te escuchas poderoso y exitoso, así será, ya que reconocerás que cuentas con los recursos internos, o sea que, ya cuentas con una red neuronal que merece la pena trabajar para potenciarla. Los cuestionamientos antes realizados te darán la pauta para que fortalezcas esa red y para que en ningún momento pierdas de vista que cuentas con dichos recursos para actuar.

Toma de la lista alguna experiencia, por ejemplo: «Soy ordenado». Y empieza a cuestionar de la misma forma que hiciste con la creencia limitadora:

¿En qué situación eres ordenado?

¿Quién dice que eres ordenado?

¿Qué evidencias tienes de que eres ordenado?

¿Qué te aporta ser ordenado?

¿Siempre eres ordenado?

¿Cómo te sientes siendo ordenado?

¿Cómo te ves siendo ordenado?

¿Cómo te escuchas siendo ordenado?

¿Te das cuenta de cómo te sientes al contestar?
(El plato está limpio).

Las emociones que sientes te dan placer y evitas dolor. En ocasiones, para evitar el dolor vamos de un extremo a otro actuando de formas incongruentes. Ahora tú ya sabes cuáles son tus recursos, solo hace falta que tomes consciencia de ellos y les des poder. Esa sensación de sentirte libre y en paz con lo que piensas de ti es lo que tenemos que potenciar para generar más que una creencia y convertirla en una convicción

Por suerte, las creencias se pueden modificar. En lugar de utilizar el título de «yo soy esto» o «yo soy así», cámbialo por «**en algunos momentos** me comporto de esta manera». Tomar consciencia te ayudará a revertir las creencias negativas, se convertirá en un recurso cotidiano para fortalecer lo antes trabajado en «el limpiaplatos».

Cuando deja de ser una creencia para convertirse en una convicción, ahí no hay nada por hacer.

Esto no quiere decir que sea malo, cada uno de nosotros tenemos algo en lo que creemos, que de alguna manera nos da poder, y estas convicciones nos pueden llevar a un rotundo éxito. Imagina que los científicos no tuvieran convicciones firmes al respecto de lo que hacen para desarrollar y crear nuevos avances, tanto médicos, científicos, como tecnológicos. Entonces sí que sería un problema, ya que hoy no gozaríamos de algunos privilegios.

Cuando tú has creado una convicción de algo, puede ser trascendental para la vida de muchas personas, y es increíble que sea así. Pero, si tu convicción es errónea desde su fundamento, puedes hacer daño a personas que no tienen nada que ver contigo. Por esto es importante revisar tus creencias y darles el valor justo desde el respeto.

Sí, el **respeto** es la palabra clave para que las cosas que realizas tengan un significado poderoso para el resto de personas, y en especial para ti. Más adelante hablaremos de esta palabra y su significado.

PARA RECORDAR:

- Las creencias tienen el poder de crear o de destruir.

- Para darle poder a una creencia se tiene que obtener más información que apoye esa idea.

- Las interpretaciones que hacemos de los acontecimientos cotidianos son el resultado de nuestras vivencias, que dan lugar a nuestros patrones mentales.

- El análisis oportuno de tus creencias te evitará sentimientos de culpa y frustración.

- Una palabra genera un sentimiento, y un sentimiento genera una acción.

- Alimenta sanamente tu mente, ofrécele palabras que contengan poder para hacer, crecer y enfrentar cada día de una manera simple.

- Para poder realizar cualquier cambio es imprescindible un paso, que es tomar la decisión de *hacer*.

(En mis clases trabajamos con *El Juego del Coaching,* lo puedes adquirir en la página www.meianescambio.com)

PERDÓN

Ahora pasemos a una parte que me encanta, es uno de los pasos más interesantes para obtener resultados. Tenemos que hacer la conexión con nuestro ser, con nuestra raíz, y para eso hemos de perdonar a todas las personas que en algún momento nos han hecho daño o que nosotros hemos interpretado que fue así.

De momento hagamos un ejercicio que es muy poderoso ya que, si no cambiamos nuestra raíz emocional, no cambiaremos nuestros resultados.

Las personas actuamos lo mejor que sabemos en cada momento, por tal motivo, quien te haya ofendido no lo hizo con esa intención, simplemente han sido sus creencias y experiencias las que le han llevado a comportarse de esa manera. En esta vida no hay buenos o malos, hay circunstancias que te hacen actuar sin pensar que puedes dañar a otra persona con tu comportamiento. El desconocimiento de tus recursos internos te genera malas emociones, algo que puede terminar en actos mal formulados con resultados negativos para otra persona, y en el tiempo contradicciones con tu existencia.

Por eso esta parte es tan importante. Sé que puede parecer difícil este acto, mas es de vital importancia que lo realices, ya que, si no lo haces, seguirás atrapado en el pasado, sin opciones para vivir libre de mente y, lo que es peor, estás regalando parte de tu poder personal.

Cuando te enfadas con alguien y te quedas pensando en lo que ha pasado, le regalas tus emociones, tu Penélope se encarga de estar torturándote al respecto de lo que pasó y eso no es sano, así que es mejor perdonar y continuar con tu vida.

No quiero decir que no tengas derecho a enfadarte y a hacer un drama, de hecho te sugiero que solo le regales 5 minutos de tu tiempo; te encierres en el baño o donde sea, grites, le digas todo eso que te gustaría decirle, te estires de los pelos, hagas todo para sacar esas emociones negativas y, en un acto de amor propio, confirmes:

TE QUITO EL PODER DE MI PERSONA, ES MÍO Y NO QUIERO COMPARTIRLO MÁS.

Si no lo haces esta persona tendrá el control sobre ti, es como si le dijeras: «Toma mi vida, va, maltrátame, me encanta que lo hagas».

Y quiero que sepas que, mientras esta persona tiene el control de ti, ella/él está relajado/a tomándose un café y compartiendo su vida con normalidad.

Deja de creer que eres el ombligo del mundo y que la gente se preocupa por ti de la misma forma que lo haces tú. Arrastrar el pasado a un presente no hace más que hacerte daño constante y paraliza tu crecimiento. El perdón deja espacios vacíos dando entrada a pensamientos nuevos. Abre paso a la creatividad.

¿Hay alguien a quien tengas que perdonar?

Piensa en esas personas que por el motivo que sea te hicieron sentir mal. Este es el momento de hacer una reflexión sobre el perdón. Te pido que hagas unos minutos de silencio, que cierres tus ojos y traigas a todas esas personas que han hecho algo que para ti no ha estado bien.

Tráelos a todos, que no se quede nadie fuera de este momento mágico. Ahora imagina que estás delante de una hoguera, permite que se sienten alrededor de ella, observa sus caras, siente su respiración, escucha lo que se comenta, permite que pase cada uno de ellos y te explique sus motivos de por qué te trataron de esa manera.

Después de escucharles, te pido que les abraces uno a uno y les digas: «Te perdono y agradezco lo que has aportado a mi vida».

Ahora les sueltas, dejas que se vayan. Observas cómo se van, no juzgues, solo perdona.

¡SÉ GRANDE!

Porque el perdón conecta con la grandeza de tu ser. Para generar cualquier cambio a positivo necesitas empezar por tu casa del corazón. Quien te ha ofendido seguramente desconocía que se pueden hacer las cosas de otra manera, siendo congruente con lo que se dice y se hace.

Perdónate a ti mismo si tienes alguna culpa, o si tu inconsciente te dice que existe algo o alguien con quien debes reconciliarte, hazlo ahora. Cuando te hablo de perdonar te estoy pidiendo que de verdad lo hagas, no te será útil si lo haces de dientes para afuera.

Quizá te estás preguntando: «¿Cómo sabré que es real ese perdón?». Lo sabrás porque cuando hables de aquellas personas sentirás paz y no te generarán malas emociones.

Este acto te abre las puertas al entendimiento racional de las cosas y evita que estés triste por algo que no puedes controlar.

Cuando los bloqueos son constantes en tu vida, generalmente dejas de ser funcional, tu energía no fluye adecuadamente y tu mente–alma se bloquean. ¿Y qué pasa si todo está bloqueado? Pues que no das una. Cada acción que realizas contiene un alto grado de toxicidad, ya que no eres libre para dejar que la vida te sorprenda, condicionas tus resultados a las experiencias pasadas y no avanzas (o lo haces, pero en círculo) y entras en la dinámica del pez que se muerde la cola.

PARA RECORDAR:

- Tú no eres nada, eres un cúmulo de experiencias que determinan tu comportamiento.

- Si cambias el YO SOY por EN OCASIONES, das opción a hacer las cosas de una manera diferente y a abrir los marcos de referencia al respecto de tus acciones.

- Las personas actuamos lo mejor que sabemos en cada momento.

- Regala tus emociones 5 minutos, con consciencia, y después recógelas.

- No permitas que la gente se quede con tu poder personal.

- El perdón te abre las puertas al entendimiento racional de las cosas, activa el crecimiento personal y aviva tu manera de actuar.

RESPETO

Hasta ahora hemos visto una serie de pautas que han sido de gran utilidad. Vamos a cuestionarnos: ¿Qué sabes del respeto? ¿Cómo practicas esto?

¿Recuerdas que al principio del libro te dije que escribieras quién te parecía que era y dijeras tres cosas negativas y positivas de mi persona?

La manera que has pensando al respecto de lo que soy es tu opinión y, ¿sabes?, lo respeto.

En este momento estoy muy emocionada, escribir sobre el RESPETO es apasionante, ya que es donde nace y se genera el proceso de Inteligencia Emocional Neska. Para mí esta pequeña palabra es la llave para que cambies tu manera de interpretar lo que te sucede.

La mayoría de personas están acostumbradas a juzgar, criticar, reírse de los demás; es igual si les conoces o no, simplemente abres la boca para hacerte el interesante o el gracioso, esto puede suceder dentro de un grupo de amigos o estando solo.

Si estás reunido, puede suceder que algunas personas se dediquen a hablar mal de otras que están ausentes, juzgando como si ellos tuvieran la verdad absoluta de las cosas, y esto no es así, ya que cada uno según sus vivencias da una interpretación, por tanto para ti es de una manera y para las demás personas puede ser diferente.

Cuando criticamos a alguien estamos diciendo lo que nos pasa o lo que nos gustaría hacer, y por lo que sea no hacemos.

Cualquier justificación mental es buena, pero no nos atrevemos a hacerlo, por ejemplo: te encuentras una chica que no es la más guapa, tiene un poco de sobrepeso y la ves con una minifalda bien apretada, unos tacones altos que la hacen verse segura de sí misma, la gente la mira y comenta cosas al respecto de esta chica. Curiosamente vienen a tu mente comentarios de emociones negativas, por ejemplo: «¿Pero cómo se puede poner eso tan corto? ¡Qué atrevida, se le ve todo, desde luego...!» «Hay que ver la gente... Tiene celulitis, le queda fatal».

Lo que pase por tu mente en este momento es opcional, a donde quiero llegar con esta reflexión es a que te des cuenta de que estás reflejando dos cosas: tus complejos y/o tus valores.

Lo que proyectas en forma de rechazo son tus complejos, que generan dentro de ti una inseguridad increíble, que en este caso es ponerte una minifalda bien apretada. Para ti es mejor criticar o juzgar que hacer lo que tengas que hacer para poder ponerte esa minifalda que te ha causado tanta rabia. Cuando juzgamos de esa manera estamos exponiendo lo que nos gustaría hacer y no hacemos porque te crees que eres gorda, o porque te crees que eso no es para ti. Los complejos son el reflejo de creencias negativas que tienes al respecto de ti.

Cuando hablamos de valores están vinculados directamente con nuestras creencias. Los valores son el motor para poder actuar, son los pilares de nuestra vida, ya que están relacionados directamente con nuestra infancia.

Si juzgas a esa chica desde tus valores podrás pensar que eso no está bien, que solo mujeres malas visten así, que es una falta de respeto, qué ejemplo da a los demás, etc.

El respeto es entender que cada persona se comporta lo mejor que sabe en cada momento, y que sus recursos internos le hacen actuar así. Esto no quiere decir que lo haga mejor o peor que tú, simplemente es lo que sabe hacer. Que tú lo harías de otra manera, es muy válido, y me alegra que así sea, ya que es ahí donde nace el valor del **entendimiento racional sobre la conducta humana.**

¿Alguna vez has escuchado decir: «Si quieres a alguien acéptale como es, sin intentar cambiarle, solo entiéndele»? Este dicho lleva un gran contenido de verdad, mas el ego te hace pensar que tienes la verdad absoluta de las cosas, y eso no es cierto, cada uno de nosotros tenemos una verdad que podemos modificar cuando queramos. Recuerda que nada es absoluto y que todo es circunstancial, por tal motivo, tu verdad es tuya y de nadie más.

María y Manoli son dos grandes amigas, ellas se quieren mucho, han compartido momentos únicos, son de países diferentes, edades diferentes, costumbres diferentes, y aun así les une un gran valor, que es la amistad. Un día Manoli tenía una fiesta, sin dudar llamó a su amiga y le explicó que tenía un evento muy importante para ella. Su amiga María entusiasmada por la noticia le pregunta: «¿Qué ropa te vas a poner para la fiesta?». Manoli no tiene ni idea de qué es lo que se va a poner para esa ocasión, y su amiga María le dice: «No te preocupes yo tengo un vestido que se te verá estupendo, es ideal para ese momento, te lo presto, ya verás como estarás guapísima».

Dicho esto le lleva el vestido, se lo prueba, pero no es lo que ella se pondría. De hecho, no le gusta el vestido, y menos cómo le queda. Está apretada, incómoda, se le sube de un lado, en fin, que lo que parecía una buena idea termina convirtiéndose en un problema.

María es unos centímetros más baja que Manoli y tiene una talla menos, Manoli mira la ilusión con que su amiga le ha traído el vestido y no sabe cómo decirle «gracias, pero no es lo que necesito».

Después de mirarse una y otra vez le dice: «No es lo que busco, gracias». Pero María insiste: «Es que estás estupenda, te queda muy bien, venga, póntelo que triunfarás».

María le dice insistentemente: «Cada vez que yo me pongo ese vestido me veo estupenda, le gusta a todo el mundo, me provoca seguridad porque me sienta bien, nos queda igualito».

Y así, como en este ejemplo, pasa en el día a día, ¿cuántas veces te ha pasado que tienes un problema y un amigo te dice: «Tú lo que tienes que hacer es...»? ¿Te suena?

O quizá tú le has dado un consejo a otro amigo de qué es lo que tiene que hacer. Seguramente estás diciendo: «Sí, lo he hecho», y quiero decirte que es muy loable por tu parte querer ayudar a los demás, pero no es útil y no estás respetando a esa persona. En ese momento no sé qué nos pasa que nos sentimos médicos, abogados, profesores, psicólogos, estilistas, curas, etc.

Sí, creemos que lo sabemos todo y no es verdad, cada uno de nosotros sabemos lo que necesitamos en cada momento, nuestro inconsciente tiene los datos de todo, ya que mediante emociones y vivencias ha creado códigos de lo que nos gusta y de lo que no. Y, si tu problema es de gravedad, busca un profesional que te ayude con sus conocimientos a resolver tu situación. Si empiezas a **tomar consciencia** y vives con **respeto,** todo lo que sigue en tu vida será más fácil.

Lo que las personas necesitan en momentos de crisis no es que les digan lo que tienen que hacer, necesitan sentirse escuchados, «es todo», ya que cuando las personas se escuchan resuenan y encuentran respuestas. Es interesante aprender a cuestionar, ya que cuando cuestionas de manera efectiva encuentras soluciones. Quizá no siempre se tienen las preguntas adecuadas para encontrar respuestas asertivas al respecto de lo que se tiene que hacer, por eso, cuando alguien te pregunte: «¿Qué hago?», escúchale sin juzgar, solo escucha, evita dar recetas, deja que sea la persona quien descubra lo que necesita. Piensa que si tú le dices a esa persona lo que tiene que hacer y obtiene otro resultado diferente al que esperaba, entonces sí que tenemos problemas, *Batman*, ya que se puede generar un conflicto más grande del que ya existe.

En la vida no hay errores, solo aprendizaje, y es la experiencia la que te hace actuar de una forma u otra.

Cada uno de nosotros llevamos una maleta de viaje. Dentro de ella llevamos nuestra historia personal, quiero decir tu vida, sí, ese cúmulo de experiencias que hoy determinan la persona que eres, que actúa, que siente, que ama, que está viva o medio muerta en vida. También llevamos nuestros valores y nuestro legado cultural y familiar sin el que no podemos viajar, y que, como has visto, en ocasiones no nos es de utilidad.

Dependiendo del pasado que se ha tenido, hay maletas que pesan mucho y hacen que tu andar por la vida sea más lento, menos pragmático, sin ser consciente de que tu maleta condiciona tus resultados.

Imagina que cada prenda que está en esa maleta representa toda tu experiencia. En ese equipaje llevas prendas que hace años no utilizas, porque has crecido, y en ese crecer has cambiado tu armario, has comprado cosas nuevas que te han hecho sentir poderoso, te has adaptado a nuevas circunstancias. Pero en ocasiones queremos conservar vestidos, zapatos, cinturones, chaquetas de otra época que ya no nos quedan, nos aferramos a quedarnos con cosas que ya no nos son de utilidad y que en ocasiones nos generan sentirnos mal.

Ahora te pido que pienses: ¿Qué hay en tu maleta de viaje? ¿Lo que llevas te sigue generando felicidad o solo fue una felicidad pasajera que en el tiempo se esfumó? ¿Todavía recuerdas esa época de tu vida con alguna mala emoción? Si tu respuesta es que sí, has de sacarlo de tu maleta de viaje, tú ya sabes cómo se hace; **perdona, entiende y respeta** que cada uno somos diferentes.

Sacar de tu maleta las cosas que no necesitas te hace vivir un presente, dejando espacio para llenar tu maleta de cosas lindas que pertenecen a esta época.

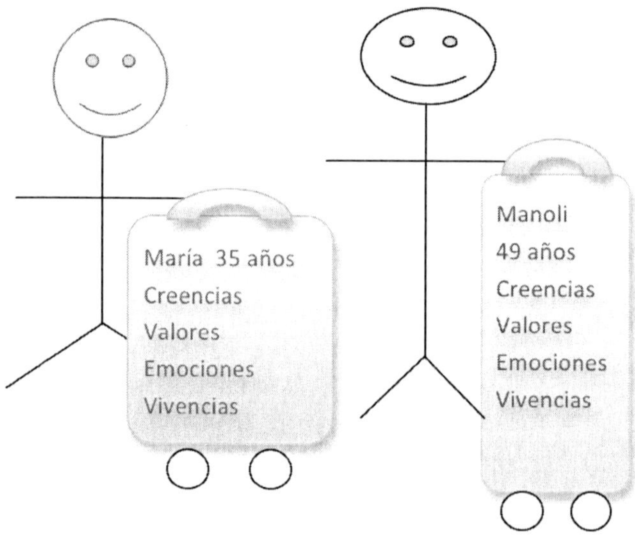

Como puedes ver en la ilustración de arriba, una de las maletas es más pequeña que la otra. Las edades son diferentes y por tal motivo hay más experiencia en una maleta que en la otra. Si tú pretendes meter la maleta grande en la pequeña, ¡¡no podrás!! No entra, y, si metes la maleta pequeña en la grande, se moverá dentro porque queda espacio, ese espacio son experiencias que marcan la diferencia en la vida de las personas a la hora de actuar. La experiencia es un grado que por desgracia no se vende en las farmacias, así que solo te queda experimentar y a partir de ahí tomar las cosas que te sean útiles, dejando de lado las que no. Es interesante respetar a las personas con sus condiciones de vida, siendo tu elección aprender de ellas.

Padres, no intenten meter su maleta dentro de la de sus hijos, no cabe, no entra, es diferente en forma y tamaño, aprender a cuestionar te da la inteligencia para poder crecer y llenar esa maleta de razonamientos lógicos y efectivos sobre lo que realmente necesita cada individuo para su maleta.

Una vez has tomado conciencia de esto, te invito a que cada vez que pretendas darle un consejo a alguien de lo que tiene que hacer con su vida, te detengas, y pienses que no le estás respetando, ya que estás pretendiendo ponerle tu ropa, que quizá no le queda. Es posible que tú te veas impresionante o muy bien con esa ropa, pero quizá para esa persona no es útil.

Como amigo, como padre, como madre, como profesor, como esposo, como abuelo, haz preguntas efectivas. **Decir lo que se tiene que hacer** no es útil. Estas preguntas son simples. ¿Quién? ¿Cómo? ¿Cuándo? ¿Dónde? ¿Por qué? ¿Para qué?

Si hay algo que no puedes descubrir con este cuestionamiento, añade a la pregunta la palabra «específicamente».

Por ejemplo:

El vestido que te dejé no te gusta, me lo has dicho, ahora te pregunto: ¿Cómo «específicamente» quieres el vestido?

Con estas preguntas te haces reflexiones importantes que antes no te hacías, y obtienes respuestas que te pueden hacer entender o ver desde otros puntos.

La mayoría de las personas al hablar dejan algunos espacios vacíos, haciendo que se pierda información, y que puede ser interesante tener en cuenta a la hora de actuar o tomar decisiones; es por eso que un buen cuestionamiento te hace ver las cosas desde otro enfoque.

Tengo un hijo que se llama Braulio, y cada día teníamos conflicto, ya que yo, desde mis vivencias, intentaba con una orden hacerle entender qué es lo que se tiene que hacer. El conflicto era que «se lavara los dientes». Me di cuenta de que decirle «Lávate los dientes» no era suficiente, al contrario, entrábamos en una dinámica de él no querer y de yo quiero que lo hagas, impuesta como una obligación. Todas las noches antes de irse a la cama había una pequeña discusión, hasta que un día saqué la hoja del cuestionamiento, la puse en la nevera de casa y le empecé a cuestionar:

–Braulio, ¿quién te dice que te laves los dientes?

–La mamá.

–¿Cómo lo dice?

–Enfadada.

–¿Dónde lo dice?

–En la cocina.

–¿Cuándo lo dice?

–Antes de que me vaya a dormir.

–¿Por qué lo dice?

–Porque quiere que me lave los dientes.

–¿Y para qué crees que te lo dice?

–Para que tenga una boca sana sin caries.

A partir de ese día entendió que se tenía que lavar los dientes y por fin se terminaron las discusiones. Mediante el cuestionamiento él reflexionó al respecto. Esta hoja forma parte del decorado de la nevera, ya que cada vez que discrepamos de algo le digo: «Ve a la nevera y reflexiona». Esto se ha convertido en una herramienta muy poderosa, ya que él aprendió que cuestionándose puede entender mejor.

Cuanto más te cuestiones, más inteligente te vuelves, ya que utilizas el razonamiento para actuar. Las personas tenemos todas las respuestas de lo que necesitamos en cada momento, solo hace falta saber el «cómo cuestionarnos de manera efectiva» y obtener respuestas claves que te lleven a realizar acciones de éxito.

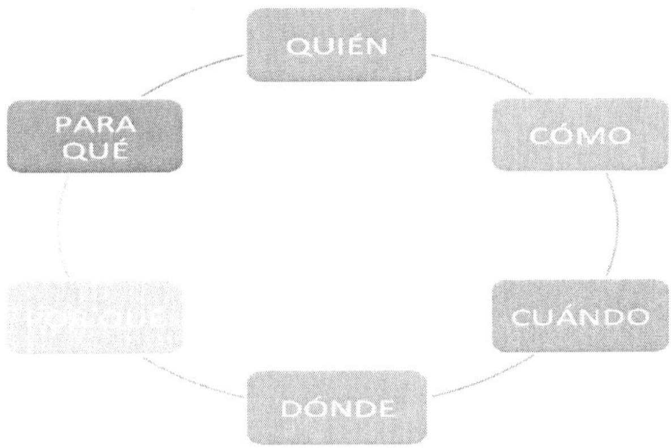

Como puedes darte cuenta, el respeto es la clave para tener una mejor relación contigo mismo y los demás, deja de pretender saberlo todo. Ya sé que esto es difícil de integrar, pero, si practicas día sí y día también, se convierte en algo natural que forma parte de tu vida. En este proceso de integración he de confesarte que dejé a algunas amistades que no entendían mi nueva manera de interpretar el mundo, ya que si no se despellejaba a alguien en la mesa o daba consejos de lo que se tenía que hacer parecía que no teníamos nada de qué hablar. Esta manera de actuar hace una selección natural de quienes comparten tu vida con respeto.

Los resultados que obtienes cuando integras el respeto en tu vida son sorprendentes, ya que aprendes a vivir tu vida y no la de terceras personas. Te centras en lo que realmente eres, quieres y necesitas. Aprendes a vivir en el aquí y en el ahora, y te das cuenta de cuándo estás regalando tus emociones. Te conviertes en una persona consciente y conectada en mente y alma.

PARA RECORDAR:

- El respeto es el fundamento de la libertad mental.

- El juzgar es la puesta en escena de tus limitaciones como individuo.

- Cada uno de nosotros llevamos una maleta de viaje diferente.

- Tus experiencias son solo tuyas, son intransferibles, aclaro no es que sean mejores ni peores, simplemente son diferentes.

- Cada uno sabe lo que necesita mediante el cuestionamiento de la situación que vive.

- Saca de tu maleta lo que ya no te es útil.

- Hablamos de tu maleta no de la mía, así que toma consciencia de lo que quieres seguir arrastrando para tu vida.

- Mete en tu maleta el beneficio de la duda de arriesgar lo que eres hoy por descubrir en quien te puedes convertir.

CAMBIO MISERIA MENTAL
Tres reglas de cobre por una de oro.

Hay tres reglas que a la mayoría de las personas les encanta practicar, ellas forman parte importante a la hora de interpretar su realidad. El esperar, el presuponer y el tener expectativas de las cosas generan malos estados emocionales, por eso es que el entendimiento racional es nuestra mejor opción para evitar sentirnos mal.

Lo mejor que puedes hacer es evitar su práctica, digamos que son ese hilo fino que divide el estar bien emocionalmente del sufrimiento. Si las respetas, vivirás constantemente en un buen estado para ser objetivo e ir a por lo que realmente te interesa lograr, lo que veías como un problema pasa a ser una circunstancia. La mejor actitud con la que puedes empezar un día es con la de solo hacer, sin presuponer nada de nadie.

La mayoría de nosotros, en algún momento, nos hemos sentido decepcionados de la vida, de las otras personas, de situaciones y de las cosas, generando dentro de nuestras mentes y de nuestro ser frustración, angustia, tristeza, etc. Seguro que me he dejado adjetivos calificativos (tú puedes poner el que haga falta).

Ante estas situaciones, es curioso cómo nos encanta regalar nuestro poder personal, o sea, nuestras emociones a los otros. Si analizas lo que te estoy explicando, vivimos enfadados por lo que pasa afuera. ¡Sí, a terceras personas!; olvidando estar activo, atento por vivir tu vida y no la de los demás.

Deja de preocuparte por lo que no depende de ti, no tiene sentido que continúes haciéndolo, nada de lo que digas o hagas hará cambiar la manera de percibir el mundo de terceras personas.

Cuando digo que **cada persona es un mundo**, quiero decirte que cada uno tiene una manera de interpretar la vida. Y cuando te dije que **cada mundo son palabras**, es porque para cada persona las palabras tienen significados distintos; cuando interpretamos sus palabras de manera diferente, no quiere decir que sea mejor o peor tu interpretación, simplemente es diferente, ya que cada uno actúa lo mejor que sabe en cada momento.

Hace algún tiempo me pasaba como a ti, **ESPERABA, PRESUPONÍA Y TENÍA EXPECTATIVAS** de las personas, de las situaciones, teniendo constantemente tristeza, frustración, angustia, rabia, celos, etc.

Después de trabajar con mucha gente, pude llegar a la conclusión de que estas tres palabras y su significado eran la fuente de todos los males de las personas.

Las reglas del juego de la vida han sido dictadas por una sociedad, por unas creencias construidas, internas o externas, por valores de lo que se tiene que hacer y de lo que no se tiene que hacer, por interpretaciones, pero ¿qué pasa con todo esto?

Pasa que la palabra **RESPETO** se ha olvidado en el coche, en el armario, o simplemente ya ni nos acordamos de que existe; pasa que somos tan diferentes que en pocos momentos podemos ponernos de acuerdo, tú dices blanco, yo negro, y pocas veces intentamos empatizar con la otra persona para saber cómo puede sentirse ante tu interpretación de vida.

ESPERAR

¿Qué esperas de la vida?, ¿de tus amigos?, ¿de las situaciones?

La respuesta de lo que esperas la tiene tu ego y no el respeto. El ego es algo que algunas personas creen (o les han hecho creer) que es malo. Para mí el ego es tu compañero de viaje hacia el éxito, en él se encierra esa fuerza que te hace crecer, construir, esforzarte por ser el mejor en lo que hagas. Es parte del poder interior que tenemos las personas para poder sobrellevar cualquier tipo de decepción o sufrimiento. En pocas palabras, lo llamo **amor propio**, y no es malo ponértelo en alguna situación donde necesites de todo su poder para sobrevivir. Con esto no quiero decir que lo lleves todos los días y en todo momento.

El ego es muy poderoso, es como una arma de dos filos, si no lo sabes utilizar con equilibrio, te puedes cortar; en cambio, si lo utilizas en los momentos en que tienes que sentirte seguro de ti mismo, es tu mejor aliado, ya que te da los recursos internos que necesitas para conseguir todo aquello que te has propuesto.

Como te creas que eres lo máximo en todo momento, perderás la flexibilidad y entendimiento racional, dejando de ser empático para convertirte en una persona soberbia que solo se ve el ombligo, haciendo daño sin entender nada de fuera.

Ahora te pregunto: ¿Quién te crees que eres para que todo lo que tú creas en tu mente se cumpla? ¡Va! Deja que hable tu ego, tus respuestas vienen de esta fuente, de querer tener siempre la razón, en este caso permíteme que te diga que puedes estar equivocado. Ya sé que puedes estar pensando: «Si yo hago bien las cosas, si doy lo mejor de mí, espero recibir lo mismo», sin embargo, si me he explicado bien, cada persona interpreta el mundo de manera distinta, y esto hace que no sea posible que las personas actúen de la manera en que tú has creado la película mental de lo que te tienen que contestar, o de lo que tiene que hacer la gente cuando tu das o haces algo por alguien.

Cuando te sientes decepcionado por las personas, comienzas a actuar de una manera apática y sin ganas de hacer. Esta manera de enfocar tus pensamientos no es sana, ya que estás condicionando tu vida a los resultados que tu mente construyó y, como bien sabes, solo son mentiras.

El dar lo mejor de ti en cada momento sin esperar nada a cambio te da libertad mental, dando como resultado que cada pequeño detalle te sorprenda y haga que despierte en ti el respeto hacia los demás y entiendas sus circunstancias.

Di terapia a una pareja; ellos estaban enamorados, no obstante, asumían situaciones diferentes. En esa relación compartían valores que eran iguales en nombre, pero con diferentes significados; además, sus valores no estaban situados en la misma escala de prioridad, y eso dentro de las parejas es un problema, ya que, si tu esperas de tu pareja una acción que tu harías y no se cumple, terminas decepcionado con ella o él, y esto acaba normalmente en ruptura.

Repasé su lista de valores y me di cuenta de que eran los mismos, solo que estaban situados en diferente orden. Para los dos eran importantes la familia, el respeto, la libertad, el trabajo, la responsabilidad, el amor, la honestidad, la amistad y la creatividad.

Así aparecían sus listas de prioridades.

PARA ELLA	PARA ÉL
FAMILIA	TRABAJO
AMOR	RESPONSABILIDAD
LIBERTAD	LIBERTAD
RESPETO	RESPETO
HONESTIDAD	HONESTIDAD
RESPONSABILIDAD	CREATIVIDAD
AMISTAD	AMISTAD
TRABAJO	AMOR
CREATIVIDAD	FAMILIA

Como ves, existía una diferencia en las prioridades, y este hecho estaba generando grandes conflictos. Por suerte solo hizo falta un ajuste en cuanto a conciencia y respeto.

Compara la lista y observa que para él el trabajo es lo primero, la responsabilidad está situada en segundo lugar y su tercero es la libertad.

Esto dentro de su escala de valores significa que trabajar más horas es lo normal, ya que la libertad de hacer entra dentro de los cuatro primeros valores. Necesita su espacio sin ser molestado. Para ella es muy importante la familia, el amor y la libertad, con lo cual necesita de la familia con amor y libertad; observa cómo el tercero y cuarto valor ocupan el mismo puesto. Es por eso que ambos toleraban situaciones, pues respetaban con libertad, hasta que apareció una crisis por parte de ella, ya que el exceso de trabajo de él estaba afectando directamente a sus valores fundamentales.

Pasaron un proceso al que yo llamo *sumar y restar*, esto significa tener **flexibilidad** uno con el otro para poder acompañarse.

El entendimiento consciente con respeto no puede ser solamente «Te quiero, te quiero, te quiero, te quiero», ya que, si solo es «te quiero», ahogas a las personas de tu entorno.

Piensa: los polos opuestos se atraen, los polos iguales se rechazan; y ¿qué pasa con un polo positivo y un negativo? Resultado: equilibrio y flexibilidad.

Una vez esto integrado a tu manera de actuar, te da la oportunidad de conservar grandes amistades, relaciones, trabajos, negocios, amores, etc.

Es interesante respetar, ya que, si lo haces de manera efectiva, puedes empatizar con la otra persona y entender sus porqués. Cada vez que esperas algo de alguien terminas decepcionado. Ahora ya sabes que puedes elegir entre entender, respetar, sumar y restar en busca del equilibrio o generar malas emociones respecto a situaciones tan simples que vives cotidianamente.

Existen cuatro valores principales que son los que sujetan a las personas, y de estos valores se desprenden muchos más. De ahí nacen cadenas de relación de valores que determinan qué es lo realmente importante.

Estos cuatro valores son los que determinan el cómo nos comportamos.

Piensa cuáles son tus cuatro valores más importantes. Hay personas que no los tienen identificados y en ocasiones actúan con incongruencia.

Para encontrarlos puedes hacerlo de dos maneras: la primera es escribiendo qué es lo que más te gusta hacer o alguna frase con la que te identifiques (que sea algo en lo que creas). En eso que has escrito se encuentran tus valores, solo hace falta darles una interpretación.

Esta frase a título personal me encanta. Daniela, mi hija, la lleva tatuada, y realmente habla de quién es ella, de sus acciones y de sus valores:

SÉ VALIENTE, SÉ FUERTE, SÉ TÚ MISMO Y NUNCA TE RINDAS.

Ella practica la interpretación de sus valores, que son el compromiso, la responsabilidad, la libertad y el amor propio.

La otra manera de identificarlos es cuando criticas lo que no te gusta que hagan las demás personas, ahí se ven transgredidos tus valores.

«Quedamos para tomar café, y para poder venir a la cita dejó el trabajo de lado, es una irresponsable, parece que le importa muy poco y, aparte de eso, me habló muy mal de una persona que no estaba presente».

Ante este comentario sus valores han sido maltratados, ya que para ella lo que está criticando le afecta directamente.

Aquí se ven expuestos los valores de lealtad, la amistad, la responsabilidad y el respeto.

Como has podido darte cuenta, cada vez que abrimos la boca dejamos expuestos nuestros valores, siendo nosotros responsables de lo que sucede después de hacerlo.

Una vez reconocidos tus valores y los de tu entorno inmediato, surge la oportunidad de vivir con respeto hacia ti y hacia los demás. Aprender a escuchar de manera activa te lleva a leer entre líneas los mensajes que antes no podías interpretar.

Esta pareja de la que te he hablado tenían ganas de salvar su relación y así fue; hicieron un sumar, que nace desde el amor, y restar, desde la flexibilidad, encontrando el equilibrio. Están muy felices, ya que han reconocido el significado de cada uno de sus valores y respetan la posición que tienen para cada uno de ellos.

Las personas cuando se enamoran ven características que reconocen de ellos como su manera de ser, de actuar, de cómo se comportan ante las situaciones, su manera de ver las cosas, en fin, que así empieza esto del enamoramiento; sin ser conscientes de que de lo que se están enamorando es de los valores de la otra persona, ya que se sienten identificados. Es como si tuvieran delante de ellos un espejo que refleja lo que son. También pasa en las relaciones interpersonales, amigos, familia, etc.

Hay quien te cae mejor y quien no tanto, ahí lo tienes, son tus valores los que te están hablando.

PRESUPONER

Es crear con la mente historias de situaciones que aún no has vivido y que te gustaría que fueran así, digamos que estás alucinando, generando respuestas de lo que quieres escuchar, ver o sentir. Haces esto pensando en qué es lo que harías tú ante una situación parecida, dando por hecho que tu interlocutor o interlocutores se tienen que comportar de alguna manera que esté bien para ti, PERO, ¡oh!, decepción la tuya cuando esto no pasa, no sabes qué hacer, tu mente y tu alma se contradicen, ya que tus valores como persona están ahí expuestos contando lo bueno que eres y lo mucho que mereces, según tú, claro.

Piensa en cómo te sientes cuando las cosas no salen conforme tú presuponías que saldrían. Toma algún ejemplo de alguna experiencia de esta semana, la que sea, una cena, una cita, un negocio, un amor, la que sea. Recuerda lo que sentiste. Ahora te pregunto: ¿Te gusta sentirte así? Seguramente te estás respondiendo que no.

Para poder poner en marcha esto de no presuponer es necesario practicar. Te sugiero que hagas una cena, comida, o que simplemente invites a gente a tu casa. En esta invitación ofrecerás lo mejor que tengas por compartir, has de poner tiempo y dedicación en que todo salga estupendo, el ejercicio en sí es hacer que las cosas sean perfectas. Has de preocuparte de todos los detalles y, mientras estás preparándolo en tu mente, no tiene que existir ningún tipo de presuposición, ni de espera, ni de expectativa, solo tienes que actuar de una manera natural en la que te brindes desde el corazón porque te apetece, esto incluye no esperar ni las gracias.

Esto es una manera de practicar un nuevo estilo de vida. También tienes la opción de seguir haciendo lo que haces, mas es interesante saber que lo puedes hacer de otra manera en el momento que decidas.

Una de mis alumnas me comentó que hacer las cosas de esta manera era como hacer sin ilusión, ya que ella había brindado en aquella cena todo su tiempo y dedicación y, al no recibir ninguna recompensa por lo que ella había ofrecido, dijo sentirse diferente, de hecho me dijo: «Me sentí triste».

Esperaba que por educación le dieran las gracias, a lo cual respondí: «Sé que aprender a vivir sin esperar nada de las personas es, digamos... *diferente*, no obstante, piensa que, si lo haces de corazón y tú te sientes feliz por el simple hecho de poder compartir, recibirás más de lo que te puedes imaginar conscientemente, ya que las personas con las que has realizado la cena se han sentido realmente apreciadas, queridas, y su reciprocidad no tiene precio. Aunque en ese momento no te dijeran nada, ellos han generado algo muy bonito en su interior que perdurará en el tiempo y en la vida. Esos pequeños detalles son lo que valen la pena».

—Piénsalo al revés, tú eres la invitada y te marchas sin decir nada, ni gracias; sin embargo, te llevas una linda noche de recuerdo, ¿qué piensas de esa persona que te invitó a cenar? —le dije.

—Bueno, que es alguien especial.

—¿Qué te aportó o enseñó con su actitud?

—A brindar sin esperar.

Y este es un regalo enorme que, si muchas personas practicáramos, nos ahorraríamos sufrimiento.

Le dije: «Estas respuestas que me has dado se convertirán en reciprocidad, no sabes ni cuándo, ni dónde; mas te garantizo que lo que brindas a las personas es lo que recibirás».

Al terminar el curso me comentó que era increíble vivir así, ya que todo lo que le pasaba en su día a día lo disfrutaba con sorpresa, como una niña pequeña, y que disfrutaba más de cada momento, ya que entendía y respetaba el hecho de que somos diferentes.

Si actúas desde el razonamiento consciente te evitas malestar en el alma.

TENER EXPECTATIVAS

Las expectativas de las cosas las vamos a llamar «Reglas del Juego».

«Si tú no haces esto, yo no te doy esto» digamos que es un pacto en común entre personas que se hace como señal de respeto.

Por ejemplo: ¿Qué pasa si hay un trabajador en tu empresa que no cumple las expectativas dentro de la misma? Lo echan a la calle, ¿cierto? Ese trabajador que han echado a la calle no es que sea malo, simplemente no es lo que el jefe necesita dentro de su empresa para generar beneficios, los motivos pueden ser varios o ninguno, todo depende desde dónde mires las cosas.

Hagamos un ejercicio: Vamos a imaginar que te han despedido del trabajo (tranquilo, solamente es la imaginación). Ponte de pie, ahora visualiza una raya en el suelo, escoge de qué lado pones al jefe y dónde estás tú. Ahora ponte en el lugar del jefe, sí, ponte de pie ahí e imagina que tú eres el dueño de la empresa y vas a despedir a ese trabajador que no cumple tus expectativas; observa cómo hace su trabajo dicho empleado (recuerda que eres tú el empleado).

Ahora cuestiónate: ¿Es una persona comprometida al 100% con lo que hace? ¿Es responsable, puntual, apasionado? ¿Comparte los valores de la empresa? ¿Es una persona clave dentro de la empresa? ¿Su ausencia puede generar pérdidas importantes?

¿Cuál es tu conclusión estando del otro lado? ¿De verdad crees que merecías ese puesto de trabajo? Si te has contestado que no, no pasa nada, en la vida no hay errores, solo aprendizaje.

Ahora ponte del lado del trabajador: ¿Cómo crees que se siente pensando que lo echan del trabajo? Triste, depresivo, con rabia, con impotencia.

Estos síntomas se presentan al tener expectativas de las cosas. El dueño necesita unas cosas que el empleado no hace, no cumple sus reglas (expectativas) y es posible que el empleado tenga la certeza de que está haciendo lo mejor que sabe sin valorar lo que desea el jefe. Ahora te dejo que reflexiones por un momento y tomes consciencia de qué manera estas actuando en algunos ámbitos de tu vida que puedan generar expectativas.

Recuerdo una amiga que quería trabajar en una multinacional, entrar ahí era lo máximo. Tenía unas expectativas (digamos un objetivo que se cumplió), pero dentro de ese objetivo (trabajo) entraban más cosas de las cuales no era consciente. Pensaba que entrar ahí le aportaría un salario boyante, unos súper amigos, en fin, un «súper empleo» que le cambiaría la vida; y vaya si se la cambió: dejó de sonreír y se sentía constantemente frustrada, ya que todo lo que estaba fuera del marco del objetivo le estaba causando conflicto.

Era tan buena en lo que hacía que generaba en las personas envidias y celos; así que, de amigos, nada; de salario, lo mínimo; y de trabajo, la que más.

Las expectativas son objetivos mal formulados de lo que se quiere en la vida, por suerte vamos a trabajar en los puntos que necesita un objetivo para que sea realizable.

Este es el cuadrante de lo que se tiene que cambiar para poder obtener excelentes resultados.

P
Presuponer

E
Esperar

E
Expectativas

Tristeza, enfado, ganas de llorar, sentir que no vales nada, angustia, sentimiento de culpa, rabia, depresión, etc.

CAMBIO TRES REGLAS DE COBRE POR UNA DE ORO

RESPETO

Descubrirás libertad para pensar, actuar y preocuparte por lo que realmente es importante para ti y no para terceras personas.

PRESUPONER, ESPERAR y TENER EXPECTATIVAS da como resultado emociones negativas que hacen que nuestra manera de hacer las cosas se vea limitada y condicionada a terceras personas, es por eso que te invito a practicar tu vida desde **EL RESPETO**. Es algo muy simple de aplicar, la toma de consciencia es lo primero, y el resto es practicar día sí y día también hasta que lo integras como un hábito de hacer cosas diferentes. La práctica te llevará a generar un cambio positivo, ser dueño de tu persona, de tus emociones y de tu hacer por la vida; siendo este el mejor regalo que puedes hacerte.

Y para quien se queda con dudas al respecto de las expectativas y me diga que sin ellas no se puede llegar al éxito de algún objetivo, quiero decir que un objetivo bien formulado y con un mapa de acción te lleva al éxito.

Responde a estas preguntas:

¿Te gustaría vivir sin preocuparte de los problemas de los demás, entendiendo que lo único que depende de ti es lo que puedes controlar?

¿Te gustaría ser libre de mente para poder realizar todo lo que hagas con mayor energía?

¿Te gustaría disfrutar de cada momento viviendo aquí y ahora sin pensar en el pasado o el futuro?

¿Crees que merece la pena vivir y practicar desde el respeto?

Ahora la elección es tuya, recuerda que la vida son opciones y tú eliges que es lo que quieres.

OBJETIVOS

Una vez tienes la justificación de por qué es mejor vivir desde el respeto, pasemos a la parte práctica. Te voy a pedir que pienses en algo que has soñado hacer, algo que te motive o que has dejado ahí aparcado porque pensaste que no era para ti, o las circunstancias de la vida te llevaron a pasar a otra cosa sin poder concluir lo que querías hacer.

En este momento vas a soñar, haz un viaje por tu mente y recuerda las cosas que te hacían feliz, necesitas recuperar esa emoción de felicidad, de entusiasmo, de alegría.

Vamos a despertar al gigante que llevas dentro.

Para poder despertarlo, es necesario que busques un motivo, el porqué es una justificación que da como resultado un motivo. Cuanto más grande sea tu PORQUÉ, más grandes serán tus ganas de hacer para llevar a cabo tu sueño.

Hay siete pasos inteligentes para conseguir tus sueños, a esta sí que la llamaremos la «Receta Práctica del Éxito».

Alguna vez te ha pasado que quieres ir de viaje en coche a un lugar al que no sabes cómo llegar, ¿qué es lo que haces? Yo compro un mapa, aunque hoy en día contamos con tecnología móvil que nos puede decir en dónde estamos y llevarnos al lugar que deseamos, pero en este caso vamos a hacerlo de la manera tradicional, haremos un mapa hacia tu destino, de qué es lo que quieres conseguir.

Si no tienes la ruta para llegar a ese lugar (sueño), difícilmente lo conseguirás.

Así que, ¡mentes a la obra! Te pido saques una hoja en blanco y utilizando toda la hoja hagas este diseño. También necesitas *post-it* (ya sabes, las notitas que pegas y despegas) de colores o de un solo color, elige los que más te gusten. En estos *post-it* vamos a escribir acerca del significado que tiene para ti cada paso. Cada vez que escribas algo de lo que te pido, escríbelo en un *post-it* y pégalo en el apartado sobre el cual estás trabajando. La intención de que lo escribas en estas notitas es que, si has realizado alguna acción y no has conseguido los resultados deseados, puedas modificarlo, sin tener que borrar ni tachar, así solo lo despegas y pones otra cosa que te sea útil para la construcción de tu destino.

En mi experiencia puedo decirte que funciona, las personas que han aplicado este modelo de ruta para alcanzar sus objetivos (sueños) los han conseguido.

Empecemos con la definición de cada uno de los cuadros antes expuestos.

Siete pasos inteligentes para conseguir el éxito

<table>
<tr><td>DESEO</td><td>FE</td><td>PASIÓN</td><td>CONOCIMIENTO</td><td>ACCIÓN</td></tr>
<tr><td></td><td></td><td></td><td></td><td></td></tr>
<tr><td colspan="3">LEY DEL KARMA</td><td colspan="2">LEY DE LA TRASCENDENCIA</td></tr>
<tr><td colspan="3"></td><td colspan="2"></td></tr>
</table>

DESEO

El deseo es lo que mueve a las personas a *hacer*. Desear es de humanos y querer alcanzar tus sueños es lo más normal. Hay ocasiones en que, por circunstancias ajenas o personales, no hemos podido realizar nuestros deseos, nos hemos quedado con toda la intención de hacerlo, pero al final no lo hemos conseguido.

En este momento te pido que te sumerjas de lleno en este ejercicio, es muy poderoso, este es el primer paso para hacer que tus deseos se conviertan en realidad.

Para conseguir las piezas de nuestro mapa trabajaremos a nivel mental, es como un rompecabezas, ahora toca abrir, buscar, encontrar y sacar de nuestra mente todos nuestros deseos más profundos. Habrá piezas que te confundan por parecido en forma o color, pero no te preocupes, todo se empezará a acomodar cuando descubras las cosas que te hacen ilusión.

Ahora te pido que tomes unos minutos de silencio y regreses al pasado, busca en el baúl de tus recuerdos, tus sueños, tus deseos frustrados de lo que te hubiera encantado ver, escuchar, sentir, ser o hacer. Lo que descubras en este silencio son piezas de vital importancia para poder crear tu rompecabezas de vida.

Soñar es gratis, cuanto más grande sea tu deseo o tu sueño, más pasión sentirás por él a la hora de actuar. No sirven las excusas de «no puedo», «ya soy mayor», «eso no es para mí», «no hay trabajo», etc.

Ahora cuentas con recursos que antes desconocías de manera consciente.

Tu sueño u objetivo tiene que conformarse de unos puntos que son necesarios.

1. **Que sea tu máximo.** Tiene que ser algo que realmente te entusiasme hacer. Que cuando pienses en él despierte en tu interior una sonrisa, una pasión, una emoción de felicidad interna que te haga vibrar; tiene que importarte un 100%, si te importa un 60% no lo conseguirás, ya que no tendrás la ilusión necesaria para realizarlo, así que busca esa pieza que de verdad te hace sentir buenas emociones.

2. **Que sea ecológico**. Analiza cuáles serán los resultados en tu entorno si llevas a cabo tu deseo. Estos resultados pueden determinar algunos contratiempos, ya que si afectas a alguien con tus decisiones puedes sentirte culpable y no hacer lo que realmente deseas. En esta parte te pido que hagas una lista de lo que te aporta tu deseo y los inconvenientes que puede ocasionar en tu vida el tomar esa decisión. Una vez tengas las listas, valora qué es de más importancia para ti y en dónde te sentirás mejor.

Te pido que la decisión que tomes la puedas controlar, ya que, si no es así, caerías en un círculo de querer hacer sin resultados, limitándote a la hora de actuar para conseguirlo.

3. **Tiene que estar en positivo**. Si está en negativo estás enfocado en lo que no quieres, y eso no es de utilidad a la hora de realizar dicho objetivo, ya que tu mente irá a buscar la información en una red neuronal que le generará angustia, y esto, en un proceso de *hacer*, no es de utilidad, ya que es posible que desistas de realizarlo por evitar el dolor que te puede generar dicha relación de palabras en negativo.

Visualiza el resultado final, de cómo te vas a ver, a sentir, a escuchar cuando hayas realizado tu objetivo. Ahí se encuentran los motivos del *hacer*, y eso es lo que vas a averiguar de tu deseo. Esas respuestas tendrán el poder para valorar la parte ecológica, como el porcentaje de lo que realmente te importa.

4. **Tiene que depender de ti**. No puede depender de terceras personas, ya que, como sabes, lo que depende de ti es lo único que puedes controlar.

TU DESEO: ______________________________

Tengo una amiga a quien quiero muchísimo; hace algunos años nos encontramos por la red y hablamos, ella me explicaba que seguía en esa lucha con su sobrepeso, que se sentía derrotada cada vez que empezaba una dieta, y me dijo: «Ya no quiero estar gorda, estoy cansada de serlo».

Yo le contesté que me parecía estupendo que no lo quisiera, pero ella no era consciente de que se estaba equivocando a la hora de plantearse su objetivo, ya que no sabía que para poder conseguir algo tienes que ver, sentir, escuchar los beneficios de lo que te aportará tu objetivo, que para ella era estar delgada. Ella estaba en crisis y continuamos hablando. Le pregunté: «¿Por qué ya no quieres ser gorda?». Y ella me contestó: «Porque me siento fea, no me gusta lo que me pongo, me siento insegura, estoy muy cansada de ser gorda». Yo le contesté: «Toma consciencia de esto que me estás diciendo. Eso justamente es lo que te aporta la gordura. Ahora quiero que me digas ¿Cómo te quieres ver, sentir y escuchar siendo delgada?».

Se hizo un minuto de silencio y me dijo: «Quiero sentirme feliz, segura de que me veo bien con lo que me ponga, hablar con seguridad en cualquier lugar y gustarle a la gente que está a mi lado, en pocas palabras quiero ser bonita». Yo le dije: «Eres bonita, no obstante te has empeñado en ser fea y gorda, ya que es la información que ha recibido tu mente durante muchos años. Has de hacer callar a tu Penélope y empezar a darle información de lo que realmente deseas, que es verte bonita y sentirte segura. Esta nueva forma de hablarte generará un cambio importante, ya que irás hacia un fin y no estarás atrapada en lo que no deseas».

Le pedí que buscara información de personas que admirara en cuanto a cómo quería lucir, que leyera lo que hace la gente bonita para estar así y que empezara a practicar lo que hacen estas personas para mantenerse en forma.

Le pregunté cuáles eran sus valores. Este punto fue relevante.

Al revelarlos (el respeto, el amor, la libertad y la familia), descubrí que había una incongruencia de significado en algunos de ellos. El respeto y el amor los aplicaba para todas las personas que compartían su mundo, menos para ella, ya que en sus dietas se saboteaba, en sus autocompromisos para hacer ejercicio o planificar sus comidas no se respetaba y tampoco se brindaba amor emocional para poder alcanzar lo que realmente deseaba.

Después de esa conversación sucedieron grandes cambios, el tiempo pasó y ella cambió de una manera espectacular. Actualmente está muy bien y su objetivo fue conseguido, perdió peso.

Cambió el enfoque de lo que **no** quería por los resultados que deseaba, obteniendo así lo que tanto había anhelado. Ahora se siente feliz, con más energía, ya era bonita, mas hoy cada una de sus células transmite equilibrio. Convirtió su belleza en resplandor, y por donde pasa deja huella, ya que su andar es firme y tiene una seguridad que proyecta.

Así que, ya sabes, es hora de definir bien cuáles serán los beneficios que te aportará ese deseo-sueño-objetivo.

En el capítulo anterior te hablé de no tener expectativas, y te decía que un objetivo bien planificado te dará los resultados que deseas. Si no es así, al menos tendrás un mapa que has creado para saber cuáles han sido las acciones que has realizado para obtener dichos resultados. Cuando sabes qué es lo que estás haciendo, es más fácil determinar lo que has hecho diferente y modificarlo por algo que sea útil.

Si sueñas con montar una empresa, te aconsejo que dentro de tu equipo de trabajo existan personas que sean clave a la hora de realizar este proyecto. Es importante tener diferentes personas y que cada una de ellas domine un canal de comunicación; un visual mirará a futuro, el proyecto de una manera global, y esto dará la visión de crecimiento y expansión dentro de un negocio; un auditivo podrá interpretar lo que las personas necesitan escuchar, ya que su habilidad de recordar lo que se dice es precisa; un kinestésico podrá decirte qué es lo que sentirán las personas a la hora de recibir tu producto o servicio; y el más importante, un digital, él te dará las pautas de la estructura, de la organización y de la pro-actividad del negocio.

Sus aportaciones serán la clave del éxito; si piensas montarlo solo, comparte con personas que te puedan brindar una perspectiva diferente de lo que piensas hacer. Las grandes multinacionales lo tienen estructurado así.

Ahora, si tu sueño es algo más a nivel personal, como un amor o la familia, te sugiero que interpretes desde los canales antes mencionados, ya que así tendrás varios puntos de vista de tu deseo.

¿Sabías que todas las personas cuentan con los recursos internos necesarios para obtener lo que han soñado?

Tú puedes lograr lo que pase por tu mente, solo necesitas saber el cómo se hace eso que deseas, y es este el momento de tomar las riendas de tu vida y defender tus sueños. Un barco sin puerto es un barco en alta mar, que pasa la vida dando vueltas o haciendo eses sin llegar jamás a un destino.

Y aquí te voy a dejar clara una cosa, estamos hablando de tu vida y no de la mía. La mía no es mejor ni peor que la tuya, solo puedo decirte que sé lo que se siente estando en alta mar constantemente, y cuando digo lo sé, también quiero decir te entiendo. Soy una persona normal, como tú, que algún día tuvo un sueño y que para poder conseguirlo ha tenido que fracasar varias veces para aprender, así que puedo entender tus miedos, tus inseguridades, tu malestar y tu pensar que no eres capaz de lograrlo. Pero, ¿sabes una cosa? Tú eres grande porque estás buscando información que te acerque a tu puerto y, si te sirve de algo, creo en ti, sé que lo lograrás.

NO HAY NADA QUE LIMITE AL SER HUMANO MÁS QUE ÉL MISMO.

FE

Dicen que la fe mueve montañas y eso es lo que quiero que hagas en tu ser, que muevas esa montaña que hasta hoy te había tenido a medio respirar. No sé en qué crees. Da igual, lo respeto todo, si es en Dios, en Buda, en Alá, en el Universo, en la Energía... Quizá me puedes decir que crees en ti o que no crees en nada, que eres ateo... Da igual en lo que creas, lo que para ti esté bien de tener como fe, lo respeto.

El descubrimiento de esta fe será tu motor para poder alcanzar tu deseo. Así que, creas en lo que sea, quiero que tomes consciencia de cómo te sientes cuando vives tu fe: ¿qué sientes? (Por cualquiera de las opciones antes mencionadas o la tuya en particular). La fe genera algunas emociones específicas que van desde la confianza o la veneración hasta la sinrazón.

Esas emociones que sientes al hablar de tu *Todopoderoso* son lo que necesitamos para que la fe esté presente en todo momento. La fe será tu rincón de descanso en el viaje a puerto. Cuando te sientas cansado y abatido por las aguas turbulentas, descansarás en este lugar que te protegerá de la tempestad. Este será el lugar de retroalimentación de tu energía. Tu fe es donde se para el barco a tomar combustible para poder continuar. No has de perderla, que sin ella no podrás llegar.

LA FE ES EL LUGAR DONDE DESCANSA EL ALMA Y SE FORTALECE EL ESPÍRITU.

Desde hace años llevo algo que cuelga en mi cuello, es un colgante que adquirí en un momento de cambio. En él deposité mi fe. Creo en varias cosas y todas ellas están puestas ahí, generando en mí una fuente de energía para no rendirme nunca. Este se ha convertido en mi amuleto, es mi compañero de viaje. En él está escrita mi misión de vida, y, cuando siento que flaqueo, me aferro a él sintiendo nuevamente esa emoción de tranquilidad y confianza de que voy en el camino que deseo.

Si en algún momento te desesperas porque las cosas no salen como lo tenías planeado, recuerda el cuadrante de las tres reglas de oro: no esperes, no presupongas y no tengas expectativas; ten pequeños objetivos que paso a paso te acerquen al lugar que tú has elegido.

PASIÓN

La pasión de la que hablaremos es esa que nace del alma cuando quieres obtener algo. Me gusta poner como ejemplo el amor: ¿recuerdas a alguna persona que te provocara deseos de estar a su lado y que con el tiempo se convirtió en tu pasión? ¿Sentías que sin ella o él no podías vivir, que era tu razón de existir? ¿Lo recuerdas? ¿Qué emociones te genera recordar esos momentos?

Esas emociones pueden ser de placer, de seguridad, de tranquilidad, de sentirte bien, o también podrían ser de angustia por no tenerle o no ser correspondido como tú esperabas; ambas emociones pueden llevarte a hacer lo que tengas que hacer para mantenerlo o conseguirlo, es por eso que pongo este ejemplo, ya que, cuando hablamos de nuestro deseo-objetivo, es necesario que te sientas apasionado por lo que haces, como cuando estás enamorado, cada paso que des sea con la convicción de que lo/la vas a conquistar.

Analiza qué emociones te genera tu deseo-objetivo. ¿Son tan poderosas como cuando te has enamorado? Esta pregunta viene porque cuando estamos enamorados hacemos lo que haga falta para tener contento a nuestro amor, no importa si la demás gente te critica o piensa que estás loco, te da igual lo que digan, si tú te sientes bien haciendo feliz a quien te importa, es suficiente.

Cuando estamos enamorados cambiamos físicamente, tenemos una sonrisa y un brillo en los ojos que no podemos ocultar, la pasión transforma el espíritu de las personas, les hace gigantes.

¿Has escuchado ese dicho que dice «El amor y el desamor no se pueden ocultar»? En este punto detente y piensa en tu deseo-objetivo: ¿te hace vibrar?, ¿te cambia la mirada con el solo hecho de pensar que puedes lograrlo?, ¿te genera una sonrisa interna?, ¿te transporta a un lugar donde todo es posible?

Si tu respuesta es sí, ve a por tu deseo-objetivo, tendrás un éxito rotundo, ya que al realizar lo que deseas cada una de tus células estará transmitiendo seguridad y convicción de que lo que haces está bien hecho.

Es como en el amor, puedes ver si la otra persona se siente feliz contigo, con lo que le transmites, o puedes ver que se acabó la pasión, el deseo y el amor. Solo que tu deseo-objetivo tiene una ventaja sobre el amor, y es que solo depende de ti; tus acciones serán las responsables de tus resultados, y, si es tu pasión del alma, será insustituible e intransferible.

Podrás hacer cosas para mejorar, mas nunca la abandonarás porque forma parte de ti.

Cuando haces de tu pasión tu profesión, las cosas funcionan solas, ya que la gente de tu entorno laboral percibe esa energía, ese amor y esa pasión que transmites cada vez que realizas una acción.

Ahora te pido que cierres los ojos y te visualices, te escuches, te sientas cumpliendo tu deseo. ¿Cómo te sientes ahora, después de haber realizado lo que te pedí que hicieras? Es importante que lo realices, ya que esta información nos servirá para poder completar los siete pasos para transformar tu vida.

CONOCIMIENTO

El conocimiento al respecto de lo que deseas hacer es la llave de acceso a tu deseo, ya que sin él no hay objetivo que puedas realizar. Existen centros de formación con personas especializadas en lo que deseas hacer, y ahí es a donde tienes que dirigirte. Busca cuáles son las opciones que más se adaptan a tus circunstancias de vida, no valen las excusas de «no tengo dinero», «no me lo puedo permitir» o «tengo miedo». Hoy en día tenemos la oportunidad de contar con información de varias fuentes, en libros, en internet, en revistas, etc. La información está ahí afuera para ti. El miedo es algo que te puede paralizar y dejarte sin recursos para actuar, hace que te quedes en el mismo lugar, así que tienes que actuar desde tu corazón, con fe de que puedes aprender cualquier cosa. Hay alguien que vive en tu interior, ese alguien es un gigante que tiene ganas de ser despertado, de vivir tus experiencias de éxito, de ser tu compañero de viaje. Despiértale, hazle renacer desde el conocimiento, que es la llave para que tú puedas vivir la vida que algún día soñaste. Mi madre me decía que el saber da poder, y es verdad, quien tiene el conocimiento tiene el gigante despierto, así que ¡¡DESPIÉRTALO!!

La información está ahí esperando por ti, solo tienes que ir a buscarla. Recuerda que estás enamorado de tu deseo y eso es lo que te hará encontrar lo que haga falta para realizar tus sueños. Si abandonas por excusas, tu vida será como hasta hoy, permisiva, triste y sin respeto, en fin, que seguirás haciendo lo que quizá no te apasiona. Estarás sobreviviendo en lugar de ser el dueño de tu destino.

Te pido que tengas apertura y humildad para aprender nuevas formas de hacer, ahí está la magia. Si sabes hacerlo de diferentes maneras, contarás con más recursos internos a la hora de actuar, esto quiere decir que te enriquecerás por medio de otras experiencias y podrás perfeccionar tus acciones, recuerda que no es suficiente con ser bueno, es preferible ser el mejor, ya que te tomará el mismo tiempo aprender una cosa que la otra.

Te preguntarás qué hace la diferencia entre ser bueno y el mejor: es simple, la práctica; cuanto más practiques dejarás de ser el mejor para convertirte en un especialista que tatúa sus conocimientos en cada una de sus células, obteniendo resultados que son de excelencia. El mejor es solo eso, mejor que, pero no un *especialista en*.

ACCIÓN

La acción es la parte clave, tenemos el deseo, la fe, la pasión, el conocimiento... Pero ¿qué pasa si no tomamos acción? Pasa que no podemos llegar a ningún puerto, necesitamos del actuar para poder avanzar.

En este apartado te pido que analices qué es lo que tienes que hacer, a quién tienes que ir a visitar, con quién te has de relacionar, busca cuáles son los canales clave, cuáles son los segmentos de mercado en los que puedes desarrollar tu deseo-objetivo, cuáles pueden ser tus fuentes de ingreso (si es que lo que quieres hacer implica ganar dinero), verifica cuál es tu valor añadido de lo que vas a realizar, este punto marcará la diferencia a la hora de ser el mejor o un especialista.

Sé empático con las personas con las que te relaciones, a esto lo llamo ser un camaleón, significa poder ponerte en la piel de la otra persona para ver si lo que ofreces tiene que ver con sus necesidades. Si no es así, rectifica, recordando que en la vida no hay errores, solo aprendizaje. Cuanto más practiques, en breve serás un especialista.

Después de que saques todo esto que te pedí, es necesario que pongas una fecha de para cuándo tiene que estar realizado tu objetivo. Si es un deseo muy grande, quizá requiera un poco más de tiempo; ahora, si te da miedo pensar que no podrás llegar a esa fecha, divídelo en pequeños objetivos que vayan sumando al objetivo mayor.

No pasa nada si no llegas en la fecha que dijiste, tú tienes tus motivos y justificaciones de por qué no ha podido ser, lo más importante es no dejar de hacer, cada día un poco suma, si no haces nada, resta. El poner una fecha a lo que deseas hacer es verificar en el tiempo tus progresos, es darte cuenta de que tan comprometido estás con ello, y, si en algún momento piensas que el objetivo que tenías ya no es lo más importante, no pasa nada, ya que puedes cambiarlo cuando desees, y todo lo aprendido anteriormente te servirá para avanzar más deprisa a conseguir tu nuevo objetivo.

Trabajar un día sí y otro día también es la clave del éxito en lo que deseas. Puedo entender que en algún momento te sientas desanimado o con la moral en el suelo, porque las cosas no son tan fáciles como pensabas que serían. Cuando pase esto, sal a la calle y explícale a alguien tu proyecto, revive la ilusión y potencia tu energía.

Para potenciar tu energía puedes hacer varias cosas a la vez:

¡¡¡¡Salta... Salta... Salta... !!!!

Y, si pones música, ¡qué mejor! Ahora lo más importante en cada salto que des es:

¡¡¡Crece... Crece... Crece... !!!

Estira el cuello lo más que puedas y di en voz alta:

DESPIERTO COMO UN GIGANTE, ACTÚO COMO UN GLADIADOR, MANTENGO EL CORAZÓN DE SER HUMANO Y TENGO EN MI ALMA HUMILDAD PARA PODER PENSAR CON CLARIDAD Y ACTUAR CON HONESTIDAD.

Esta actividad te producirá un sentimiento de fuerza interior increíble.

LEY DEL KARMA
No hagas con otros lo que no quieras que te hagan.

Es así de simple, esto me recuerda el estribillo de una canción y pienso cuánta sabiduría tiene: «CADA UNO DA LO QUE RECIBE Y LUEGO RECIBE LO QUE DA», es solo una frase con un gran significado.

En este apartado vamos a trabajar el respeto desde nuestro interior, eso que no te gusta que te hagan, por desgracia, es lo que en ocasiones hacemos con la gente de nuestro entorno. Me gustaría saber cuáles son las cosas que te molesta que las personas hagan contigo.

Piensa, quizá no te gusta que te mientan, que te critiquen, que se burlen, que te dejen tirado, que no te respeten, etc. Es solo por poner algún ejemplo, escribe en cada *post-it* eso que te molesta en este apartado.

Ahora que ya identificaste esto, solo me queda decirte que a partir de este momento dejes de practicar lo que escribiste, ya que, como sabes, todo lo que des se te regresará.

No tengo ningún fundamento científico para apoyar esta teoría. Me basta con la experiencia de muchísimas personas (incluida yo), que hemos actuado de formas poco útiles y que en el tiempo la vida nos ha traído de regreso un regalo, situaciones parecidas a aquellas en las que nos habíamos comportado mal con otras personas y, ¿sabes?, duele darte cuenta de cómo te portaste, sin embargo aprendes de ello.

Cuando hacemos algo de lo que después nos quejamos, entramos en una espiral descendente: al principio parece que las cosas van bien, pero los resultados a largo plazo son negativos.

Evita hacer acciones que generen malas emociones en tu vida y fortalece el dar lo mejor que tengas, es sencillo, brinda lo que te gustaría recibir.

No importa que al final del día sea lo contrario, si vives desde el respeto, entenderás que no todas las personas han despertado al gigante del amor incondicional que habita dentro de sus corazones.

El amor por nuestros semejantes desde el respeto y el entendimiento racional es el mejor regalo que puedes hacerte y hacer a las personas con las que compartes tu vida.

Sé que en ocasiones nos sentimos abrumados por todas las obligaciones que comporta el sobrevivir de la mejor manera que nos han enseñado, mas, una vez que repartes con honestidad, la vida solo puede traerte cosas parecidas, conviertes tus acciones en un reflejo de lo que eres. Sé tu mejor amigo; si lo haces desde este punto, jamás podrás hacer nada que vaya en contra de ti.

Entender esto te hace sentir que no pasa nada, ya que ambos han hecho lo mejor que han sabido. Si te enfadas, estarás fortaleciendo el bucle descendente en tu vida, generarás malas emociones, malos pensamientos, y tu libertad mental estará en manos de otras personas.

Esto de hacer o no hacer es tu elección, no puedo obligarte a que dejes de hacer lo que te molesta que te hagan, pero es sencillo si vives desde el respeto, las cosas son más fáciles, y, como dirían en mi tierra «Cada quién su madre».

LEY DE LA TRASCENDENCIA

Aquí expondremos todo lo que deseamos. Necesito que te pongas el traje del ego para poder escribir lo que a continuación te pido.

Vas a escribir una carta como si fueras otra persona, por ejemplo, tu mejor amigo, un familiar, tu madre, quien para ti sea la persona más importante. Imagina que esta carta que escribe esa persona se va a leer en tu funeral, el día que ya no estés. Sé que no es agradable pensar que te vas a morir y que tienes que escribir esto, a algunos de mis alumnos les causaba un impacto muy grande el solo hecho de pensarlo; hubo quien me dijo: «Lo siento, Neska, no puedo hacerlo». Si es que no puedes, lo respeto y lo entiendo, sin embargo, te pido que hagas un esfuerzo, ya que esta carta será tu compromiso con todo lo que tengas que hacer para conseguir tus sueños, será el recordatorio de la vida que quieres vivir. Todos vamos a morir, es una ley de vida que de momento no se ha podido cambiar, así que te pido que por favor la escribas.

En esta carta en la que habla el ego escribirás lo que quieres que la gente diga de ti cuando ya no estés, por ejemplo: «Fue muy buen hijo, padre, amigo. Era responsable, trabajador, comprometido con lo que hacía, era una persona digna de admirar, etc.».

A esto lo llamo yo trascender en la vida de las personas, quiere decir que tu vida ha tenido un sentido, que has aportado algo que es realmente importante, que has vivido con la convicción de que cada paso que has dado era tu elección, y no la de otras personas.

Hace algunos años murió mi cuñado Valen, su pérdida fue un gran impacto para toda la familia, ya que su enfermedad apareció de repente. Él fue un gran hombre por el que sentí un gran aprecio. Recuerdo que al día siguiente de su muerte fuimos a acompañar a mi cuñada a su casa. Ahí estaban familiares y amigos, estábamos devastados por el hecho de saber que ya no estaría más con nosotros.

Les pedí que por favor me explicaran lo que recordaban de él, de su presencia, y que de ello hicieran una fiesta, recordando esos momentos en lugar de sufrimiento. Ellos empezaron a hablar, yo tomé lápiz y papel y empecé a escribir. De sus palabras me atreví a hacer una carta que sería leída al día siguiente en la iglesia. Sabía que ya no la podría escuchar, pero era una manera de apoyar emocionalmente a las personas que participaron en su creación. Quería que sintieran que cada palabra que estaba ahí escrita tenía un sentido, y que cada una de sus células tomara consciencia de la manera en que las personas, mediante nuestras acciones, trascendemos en la vida de quienes nos acompañan en el camino de la vida.

Querido Valen:

Hace algunos años coincidimos en el andar de la vida, llamaron mi atención grandes cualidades que con el tiempo aprendí a valorar, de ellas nació un amor profundo, el cual juré compartir contigo hasta siempre. Un día decidimos unir nuestras vidas y fue la mejor decisión que pude tomar, ya que de ese gran amor nacieron nuestros hijos, Mariona, David y Arnau, a quienes amaste sobre todas las cosas. Respetabas en todo momento lo que para ellos estuviera bien, llenaste su mundo de juegos, de risas, de amor, pero, sobre todo, brindaste siempre lo mejor de ti.

Tus cualidades como padre te daban algo que también te caracterizaba en tu vida, y eso era la perfección, ella fue tu compañera de viaje con la cual alcanzaste la excelencia misma que te llevó a ser un triunfador en el trabajo. Apreciabas el trabajo de todos, respetando y dando valor a su mejor esfuerzo, tu verdadera grandeza era hacer sentir que su trabajo merecía la pena.

Reconocías lo importante que eran para ti nuestros familiares y amigos. Algunos lo son desde la infancia, otros se han unido en nuestro camino, y hoy, al ver la pena de tu ausencia, siento lo que significas para ellos.

Has sido amigo de tus amigos, generoso, respetuoso, no emitías juicios de nadie, pensabas que cada uno tenía sus razones, aprendimos tantas cosas de ti... Maduramos y crecimos juntos.

Gracias... por todo el tiempo compartido. No podemos decirte adiós porque ya formas parte de nosotros. Por esto y muchas cosas más nuestro amor era lo que es, fuiste un excelente esposo, un excelente amigo y un excelente padre.

Luché contigo hasta el final, esperando tener una oportunidad de continuar aquí juntos, y parece que hoy nos tenemos que separar.

Por suerte, tu ausencia será un breve instante en la línea del tiempo, ya que a donde vas algún día te volveré a encontrar.

En estos momentos la reflexión tranquiliza mi sentimiento, ver la familia que hemos construido me da fortaleza para continuar en el camino, que con tu recuerdo y todo lo que aprendí a tu lado será más fácil andar.

Te queremos.

Escribir estas líneas me hizo darme cuenta de que este hombre había trascendido en la vida de muchas personas, sus actos y su compromiso de vida dejaron un recuerdo importante.

Esta carta cambió mi compromiso con mi hacer para después trascender.

Para el ego, saber que la gente te recuerda con tanto cariño y que realmente te van a echar de menos es un alimento que fortalece tu compromiso con el hacer, la trascendencia es la conexión de lo imposible con lo posible. Una vez que tienes claro de qué manera quieres que te recuerden, no podrás hacer nada que sea lo contrario a ello, realizar esta carta es escribir tu compromiso de vida.

Un día en una clase, alguien me preguntó: «Neska, ¿cómo quieres que te recuerden?». Y mi respuesta fue simple: «Quiero que me recuerden como una piedra que se metió en los zapatos de las personas, que molestaba, que en ocasiones hacía daño y les hacía detenerse para sacarla o cambiar de zapatos».

Mi alumno se rio y me dijo: «No entiendo». A lo cual respondí: «No hace falta que lo entiendas, tú ya cambiaste de zapatos».

Todos los pasos antes descritos son el primer esbozo de lo que realmente deseas conseguir, son la ruta hacia el destino. En esa ruta te puedes encontrar con algunos contratiempos por falta de algunas acciones que se tienen que realizar y que son el vínculo para que todo suceda.

MODELADO

Este será un gran recurso que puedes utilizar dentro del apartado de aprendizaje.

La excelencia humana es algo que se puede modelar, para ello simplemente hace falta saber el cómo lo hacen. Con esto quiero decir que puedes lograr lo que te propongas; si hay alguien que lo ha conseguido, tú también puedes.

Para que tu deseo tenga una guía práctica, es importante tener un modelo a seguir, no inventes cosas, duplica a las personas que admires que ya hacen lo que tú quieres hacer, es ahí donde se encuentra la receta secreta del éxito.

Pueden ser personas de tu entorno o pueden ser personajes que han trascendido en la historia de la humanidad. Una vez tengas identificados a tus modelos, tienes que buscar información de qué hacen y cómo lo hacen. Buscar esta información requiere un tiempo de estudio, y puedes encontrarla en libros, internet, diarios; la misma que te brindará una generalización de lo que hacían y cómo lo hacían.

Hay una parte que es fundamental para poder duplicar, y es saber qué pensaba tu modelo al respecto de sus resultados y cuál era la parte donde él se identificaba con la trascendencia.

Tener este conocimiento te lleva a saber sus porqués, que son la justificación de sus acciones.

El cisne es un animal hermoso que al mirarle destaca entre todas las aves que pudieran estar a su lado. Su manera de supervivencia es increíble; en ocasiones viven en lugares donde el agua está estancada, sucia, pero eso no les importa, ellos meten su pico dentro del agua buscando en la parte más profunda del estanque y extraen el agua más limpia para sobrevivir.

Con este ejemplo te estoy diciendo: Extrae las cosas que determinan el éxito de las personas que has decidido modelar, sé un cisne. No hace falta que imites todo y pierdas tu personalidad. Tú, como él, puedes vivir en donde sea y destacar de entre las demás aves, tienes unas alas inmensas para volar, ábrelas para emprender tu viaje hacia el bienestar emocional.

Para que tengas una idea más clara y puedas modelar a las personas que has elegido, es interesante que rellenes el siguiente cuadro, ya que en él podrás identificar qué es lo que hacen ellos y qué haces tú, para ver la diferencia de acciones y actitudes ante las circunstancias de la vida.

Recuerda que el secreto no está en lo que hacen, sino en cómo lo hacen.

Los adjetivos que pongas en el cuadro tienen que ser calificativos.

Por ejemplo: *(ver cuadro siguiente)*

Como puedes darte cuenta, tu reacción ante según qué situaciones en la vida puede ser el detonante de que las cosas sean diferentes, pero ahora tienes uno o varios modelos de personas a las que admiras que te pueden ser de utilidad.

Aquí expresarás cómo te ves tú cuando **comunicas**.

Más inseguro hablando, por ejemplo.

Antonio es la persona que deseo modelar. Me gusta específicamente su manera de **comunicar**, se ve **fuerte** y **grande**.

Cómo específicamente	Tú ¿Cómo lo haces?	A quien admiras ¿Cómo lo hace?
Se ve		
Suena /habla		
Hace las cosas		
Gestiona el tiempo		
Equilibra su vida		
Maneja la responsabilidad		
Se alimenta		
Se divierte		
Maneja la crisis		
Percibe su actuación		
Optimista / Pesimista		
Abundancia / Escasez		
Interactúa con los demás		
Reacciona ante...		

COMPLEMENTOS
Conciencia, apertura y curiosidad.

Esto son estados que acompañan tu mapa para generar resultados.

La conciencia es tener la habilidad de hacer callar a tu Penélope para centrarte en el momento de lo que estás viviendo. Es estar aquí y ahora disfrutando de lo que pasa dentro y fuera de tu mente.

La apertura es regalar el beneficio de la duda, te da la opción de pensar que puedes estar equivocado al respecto de lo que piensas de ti y del mundo, es generar espacios para que te brindes la oportunidad de soñar que puedes, de creer que hay maneras diferentes de hacer las cosas y que son para ti.

La curiosidad es despertar el arte de cuestionarte al respecto de lo que realmente deseas, el círculo de preguntas de la página 95 te ayudará a ser curioso, generando respuestas asertivas al respecto de tu deseo. Esas preguntas llenan espacios vacíos sobre lo que puedes ser y hacer, las respuestas son la clave de lo que tienes que hacer.

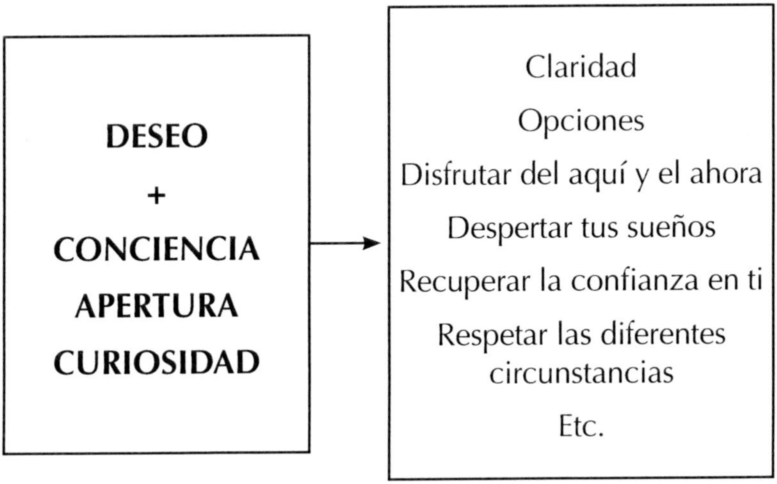
DESEO
+
CONCIENCIA
APERTURA
CURIOSIDAD
Claridad
Opciones
Disfrutar del aquí y el ahora
Despertar tus sueños
Recuperar la confianza en ti
Respetar las diferentes circunstancias
Etc.

FLEXIBILIDAD, DETERMINACIÓN, PRAGMATISMO, CREATIVIDAD y RESPONSABILIDAD

Son complementos fundamentales para lograr tu deseo-objetivo, cada uno de ellos ocupa un lugar dentro del rompecabezas.

FLEXIBILIDAD.

La flexibilidad es adaptación a las situaciones que vives cotidianamente, quiero decir que te conviertas en un camaleón, así puedes hacer diferentes cosas y responder de manera diferente. La flexibilidad evita que te sientas mal en algunos momentos, ya que has actuado desde la empatía poniéndote en la piel del otro.

Haz este ejercicio: Pon dos sillas, una delante de la otra, de forma que parezca que vas a charlar con alguien que está delante de ti, ahora piensa en alguna situación en la que no hayas sido flexible, que hayas discutido con alguna persona.

En la primera silla que te sientes, visualizarás en primera persona que eres tú el protagonista de la película, en la segunda silla serás la otra persona en cuestión, realizarás una tercera posición y sin estar sentado observarás en la distancia.

Ahora siéntate en una de las sillas. Te pido que recuerdes dicha situación pensando que la persona con la que discutiste está sentada delante de ti en la silla vacía, puedes tener los ojos abiertos o cerrados, como quieras, eso lo decides tú, hazlo de manera que te sientas cómodo.

Toma consciencia de qué está haciendo la persona con la que discutes, observa sus movimientos, siente su respiración y cómo se siente con lo que tú le estás diciendo; cuando termines de recordar levántate de la silla en la que estás sentado y da dos vueltas a la silla.

Ahora lentamente siéntate en la silla que tenías delante de ti, sí, aquella donde estaba la otra persona con la que discutías, toma su lugar; ahora eres esa otra persona. Vuelve a pasar la película mental y obsérvate desde el otro lado hablando de esa forma, y descubre cómo te ves cuando estás discutiendo y lo que transmites.

Siente por un momento las palabras y las emociones que se gestionan dentro de esa persona al recibir lo que dices. ¿Te gusta lo que pasa de este lado de la silla? Seguramente te estás respondiendo que no. Ahora pasemos a la última parte del ejercicio, te levantas de la silla, das dos vueltas y te alejas unos pasos. Ponte de manera que puedas estar delante y pasa otra vez la película de lo que pasó. Ahora eres tú una persona que está fuera de la situación, piensa que estás por la calle observando una discusión que no te pertenece. ¿Qué piensas de esas personas que están discutiendo?

La mayoría de personas que hacen este ejercicio terminan dándose cuenta de que la discusión ha sido absurda, que podían haber actuado de otra manera en vez de pegar gritos, reclamos o, en caso contrario, contestar desde la empatía sin quedarse callados. Cuando llegan a la parte de observar la discusión desde fuera, la mayoría de personas se ríen, ya que lo ven ridículo. A algunas les pasa que al ponerse en los zapatos del otro entienden lo que está sintiendo a la hora de ver la cara del que tienen delante, tomando consciencia de sus actos.

Estas tres posiciones te enseñan a generar nuevos y mejores patrones de conducta, desarrollas el arte de ser un camaleón, ya que puedes aprender a percibir la vida desde tres posiciones distintas y adaptarte a nuevas circunstancias. Es mejor ver las cosas desde fuera en tercera persona, como si fueras un espectador, así no te involucras emocionalmente con las situaciones. Es interesante practicar día sí y día también la comunicación y la empatía, que son determinantes para que las cosas funcionen tanto a nivel laboral como personal.

DETERMINACIÓN.

La determinación va más allá del fracaso, podemos decir que es el estado en que las personas no pueden rendirse y de cada situación que se vive le sacan lo positivo.

Una decisión se antepone a la determinación. Muy pocas veces en la vida nos planteamos actuar con determinación, no sé si es porque la palabra suena más fuerte o porque las personas saben que es un compromiso real al que no pueden faltar. ¿Tú qué piensas de esto? ¿A menudo tomas determinaciones?

Hoy te invito a tomar la determinación de hacer lo que tengas que hacer para lograr tus sueños, una determinación marca un antes y un después, ya que, cuando entras en este estado, es imposible rendirte ante ningún obstáculo.

Es igual si no creen en ti, es igual que la gente vaya a hablar mal de lo que deseas en la vida, recuerda que en todo momento hablamos de tu vida y no de la vida de las demás personas, cada uno que haga lo mejor que sepa, parece que es egoísta esta manera de pensar, pero no lo es.

Una vez aprendes a tomar determinaciones, todo se transforma, ya que no aceptarás un no por respuesta, buscarás todos los recursos que puedas para llegar a tu deseo-objetivo. Es increíble cómo te sientes al hacerlo, tienes una fuerza interior que solo tú puedes interpretar, convirtiéndote en una persona más fuerte y a su vez más flexible.

Si después de haber brindado tu mejor esfuerzo, haber hecho todo lo que tenías que hacer para conseguir tu objetivo, recibes un **no** por respuesta, te sugiero que no te enfades, al contrario: aprende de ello. Desgastarte haciendo lo mismo te dejará en el mismo lugar, quizá tengas que ser flexible y hacer otras cosas para llegar a tu objetivo.

La flexibilidad va de la mano con la determinación ya que se complementan. ¿Crees que van de la mano? Analiza lo que te he explicado y saca tus propias conclusiones.

PRAGMATISMO.

El pragmatismo para mí es el desatascador de situaciones o, dicho de otro modo, es una actitud de hacer las cosas de manera útil.

¿En algún momento te ha pasado que no sabes cómo actuar, qué hacer o qué decir? A mí **sí**, y cuando me pasa esto me hago la pregunta mágica: ¿Qué es lo más útil que puedo realizar ahora? Esta pregunta genera opciones, recursos para así poder actuar en ese momento de manera efectiva. Si te encierras en el «no se puede» o «no puedo», estás limitando tus resultados.

¿Recuerdas que anteriormente te di un cuadro de preguntas?

Aquel cuadro es interesante que lo practiques de manera constante, ya que cuanto más te cuestiones al respecto de las cosas la mente generará más recursos en todo momento, abriendo los marcos de referencia y aumentando la creatividad, las cosas fluirán y tu vida generará movimiento y sinergia.

Ser pragmático, según en qué situaciones, te puede ser muy útil. Piensa en algún momento en que las cosas no te salieran como deseabas.

¿Qué pasó?

Te quedas ahí pensando y pensando en lo que ha pasado sin hacer nada para cambiarlo. Te quedas triste y abrumado, sin tu poder personal. Si actúas desde tu bienestar tienes que ser pragmático y cuestionarte: ¿Se puede arreglar? Si tu respuesta es que NO, deja de agobiarte; ahora, si continúas buscando el hueco al macarrón e insistes que tú quieres, necesitas, que es de vital importancia para ti, piensa: **¿QUÉ ES LO MEJOR QUE PUEDES HACER?** ¿Qué no has hecho para generar otros resultados?

Si al hacer cambios te encuentras con lo mismo, tienes que aprender a respetar y a pasar del tema. Pasar significa respetar que lo que no depende de ti no lo puedes controlar, que has hecho lo mejor que has sabido, y enfocarte en otra cosa. Da espacio para que las cosas tomen su curso por sí solas. Curiosamente, al hacer este cambio aparecen los elementos que necesitabas. Cuanto más te aferras a una situación todo lo que te pasa son resultados negativos. Suelta, deja que las cosas sucedan, deja fluir y te darás cuenta de que ser pragmático es enfocarte en lo que tú puedes hacer. Si has hecho todo lo que tu creatividad te ha aportado y no has conseguido resultados positivos, no te agobies más.

CREATIVIDAD.

Es pensar que podemos inventar o crear cosas diferentes, es ponerte el título de creativo y hacer que las cosas sean de otra forma o darles otra utilidad. Hoy en día el hacer uso de la imaginación está dando lugar a generar nuevas formas de éxito. Desde tu deseo-objetivo imagina de qué manera puedes aportar algo a la sociedad, piensa con el corazón y no con la cabeza (con esto quiero decir que utilices tu hemisferio derecho y no el izquierdo), la cabeza está demasiado estructurada y te hace perder la realidad de lo que realmente nos mueve. Las personas nos dejamos llevar por las emociones, así que piensa en eso que tú sabes hacer o que quieres lograr, imaginando el impacto que tendrá en la sociedad.

La sociedad necesita de miles de genios como tú que la ayuden a sentirse mejor. ¿Tú qué aportarás para que así sea? Por si la pregunta no te genera respuestas, hagámoslo al revés, que es más fácil. ¿Qué te gustaría que te aportara una persona que tiene un deseo-objetivo parecido al tuyo?

Estas respuestas son interesantes, hay que tenerlas en cuenta, tú eres uno más en este mundo con necesidades parecidas; como sabes, las personas lo único que buscamos es ser felices. Toma nota de ello y haz de esa idea un valor agregado para lo que vas a realizar.

Para crear nuevas y mejores ideas necesitas de la creatividad, ese es el punto más importante para obtener excelentes resultados. Cuando piensas de esta manera, piensas en aportar algo que te gustaría recibir y no en vender algo.

RESPONSABILIDAD.

La responsabilidad es cuando tomas consciencia de los resultados que has obtenido hasta hoy, y estos han sido provocados por tus palabras y tus acciones. Sé que es fácil decir: «No es mi culpa, no me merezco esto, si no fuera por su actitud las cosas serían diferentes». Tras estos comentarios guardas tus miedos e inseguridades, ya que es más fácil culpar a terceras personas que hacerte responsable de tu vida.

La responsabilidad es la habilidad de dar tu mejor esfuerzo en cada momento, ya que lo que deseas depende de ti.

Sé que puedes decir que haces lo mejor que sabes y aun así no obtienes los resultados que deseas. Esto que pasa no es porque no sepas hacerlo o seas malo, es porque tu comunicación no ha sido efectiva, no has transmitido lo que la otra persona necesitaba y no has cubierto sus necesidades, aun sabiendo que eres capaz de hacerlo, ya que eres muy bueno. Ser responsable es adquirir un compromiso contigo de lo que tienes que hacer, si no haces esto, seguirás transmitiendo tus miedos e inseguridades en todo lo que realices.

Con responsabilidad utiliza las siguientes pautas y verás los resultados.

Ten APERTURA de que puedes estar equivocado, FLEXIBILIDAD para aceptar nuevas ideas, CREATIVIDAD para innovar y generar un valor agregado, PRAGMATISMO para cuestionarte qué es lo más útil que puedes hacer en cada momento, DETERMINACIÓN para llevar a cabo el cambio, RESPONSABILIDAD para que cada día brindes lo mejor de ti hacia tu deseo-objetivo y la ACCIÓN, pues sin ella no sucede nada.

Tu actitud ante la vida te abrirá puertas o te las cerrará, mas es tu elección.

DESEO	FE	PASIÓN	CONOCIMIENTO	ACCIÓN
Consciencia Apertura Curiosidad NO TIENES LA RAZÓN EN TODO	Responsabilidad TODO ES POSIBLE	Flexibilidad SÉ UN CAMALEÓN	Creatividad VALOR AÑADIDO MODELADO	Determinación Disciplina NO PUEDES RENDIRTE

LEY DEL KARMA	LEY DE LA TRASCENDENCIA
Pragmatismo RESPETO	Responsabilidad Determinación CARTA DE COMPROMISO DE VIDA

Cada uno de los pasos va acompañado de un complemento que hace que las cosas sean más fáciles. La disciplina y la constancia en tu proyecto de vida determinarán los resultados.

Cualquier inconveniente que pases en el trayecto hacia tu objetivo te dará la pauta para crecer, cada acción que realices tendrá un resultado, y dependiendo de lo que proyectes obtendrás lo que quieres.

REENCUADRAR

¿A qué te suena? ¿A algo quizás vinculado con la fotografía?

Bueno, es una expresión que utilizaremos de manera simple. Hablamos de fotografía porque es una manera sencilla de visualizar este concepto. Normalmente, cuando tenemos algún problema específico o nos sentimos atrapados, solemos ver solo el problema y no lo que hay más allá. Nos cerramos, sin dar la oportunidad de ampliar el encuadre. Los sentimientos de culpa producen respuestas de polaridad que sirven más para dar fuerza que para inhibir el comportamiento no deseado.

El reencuadre es reinterpretar problemas y soluciones.

Esta manera de abrir el encuadre tiene unas consecuencias magníficas. Si eres capaz de abrir tu mente, aunque el problema continúe ahí, tendrás la oportunidad de ver más de lo que ves y entonces puedes hacer un cambio de paradigma. Por tanto, resolverías tu problema.

Pongamos un ejemplo:

Una madre que presiona constantemente a su hija: «Tienes que estudiar, no vas a aprobar, eres una mediocre, tu vida será un desastre».

Reencuadremos con la madre, y le preguntamos:

—¿Te es agradable pensar cómo se siente tu hija cada vez que le dices esas cosas?

—No.

—¿Cómo crees que se siente ella cada vez que le sueltas todas estas afirmaciones?

—Mal.

—Si tú fueras ella, ¿de qué manera te gustaría que te hablara tu madre?

—Con cariño y respeto.

Como has visto, el juicio que cada persona tiene para sí misma está relacionado con las consecuencias que se pueden generar en un contexto determinado.

Hasta aquí una forma de reencuadre.

La otra sería preguntándole a la hija:

—¿Para qué crees que tu madre te habla de esa manera?

—Para advertirme que me puede ir mal en la vida si no estudio.

—¿Crees que tu madre tiene la intención de que esto suceda?

—No.

—Entonces, ¿qué piensas hacer?

—Pues estudiar más, quizás tiene razón.

Es una manera de ver una situación determinada con varias alternativas y no solo la que se ve. Es como ampliar una fotografía de fútbol en la que, si solo sacas a quien metió el gol, te has perdido toda la acción para que esto sucediera. Por eso es importante estar más abiertos, para entender las posturas de todos los que te rodean.

Cuando parezca que nada tiene sentido, que estás perdido en el caos y el desorden, aplica todo lo anterior desde el punto del reencuadre. En este punto todo se convierte en un entendimiento con sentido inteligente, práctico, racional, abres los marcos de referencia del problema, convirtiéndolo en circunstancia, y una vez se transforma en ello deja de ser un problema y pasa a tener soluciones; y en lugar de preocuparte pasas a ocuparte.

Tus logros compártelos con alegría, con humildad, celebra el éxito de quien te rodea y aprende a hacer una fiesta de cada pequeño logro que consigas. Esto te motivará para continuar y nunca rendirte.

EL ÁNGEL QUE LLEVAS DENTRO

Hace algunos años conocí a una gran persona de la cual aprendí mucho, para mí era mi Ángel, de sonrisa afable que despertaba seguridad y confianza. Él era un enamorado de lo que hacía en su trabajo, era el mejor, superaba cualquier reto que le pusieran, era un gran negociador al que le gustaba saber y conocer a muchas personas, le apasionaba lo que hacía ya que tenía claro cuál era su deseo-objetivo en la vida, el placer que le proporcionaba «tener» le daba seguridad y tranquilidad. Su pasión profunda era hacerte sentir que cada momento merecía la pena esforzarte y dar lo mejor de ti, esto me llevó a descubrir que vivía desde el ser, y eso me maravillaba.

Su enfoque eran los resultados y no los inconvenientes. Si en algún momento se enfocaba en algo que le limitaba, lo hacía al revés, encontraba soluciones que aportaran lo mejor a todas las partes; y si algún día tenía que dejar algo en el camino, lo hacía sin apego alguno. Su habilidad camaleónica es de los puntos a destacar: era capaz de ponerse en cualquier situación, empatizando con los demás hasta en las cosas más diferentes para así obtener los resultados que quería. Su Penélope era su amiga, estaba bien educada.

Cuando las cosas se le iban de las manos en algo que no podía controlar, era simple y pragmático, ya que su mente se cuestionaba qué era lo mejor que podía hacer en cada momento, y lo hacía. Sus resultados eran impresionantes ya que tenía algunos negocios en los cuales tenía un gran éxito. Para mí fue un ejemplo real de vivir tu profesión desde la pasión. Él marcó la vida de muchas personas, incluyéndome a mí. Con su pasión ha trascendido en la vida de su familia, empleados y amigos.

La mayoría de estas personas le han querido solo por ser.

Era de esas personas que aparecen, te dan un regalo, lo abres, te lo pones, lo disfrutas en su compañía y al cabo de un tiempo desaparece; era alma viajera portadora de grandes regalos.

Deseo que confirmes la esencia del Ángel que habita en ti.

FORMA Y COLOR DEL DESTINO

El mapa que hemos construido es el manual de lo que tienes que hacer para conseguir excelentes resultados, es un nuevo enfoque que te generará equilibrio, solo nos hace falta ponerle color y vida.

Necesitarás conseguir revistas de las cosas que sean de tu interés, cosas con las que te emociones y te sientas identificado. ¿Recuerdas cuando eras niño que en la escuela te dejaban hacer algún *collage* de recortes? Pues eso es justamente lo que haremos. Regresaremos a la infancia, piensa cuáles eran las cosas que algún día soñaste alcanzar. Ten en cuenta las cosas que has plasmado en tu mapa, en el apartado de «Deseo» tienes una gran lista de cosas por cumplir. ¿Recuerdas?

Aquello en lo que ponías más interés y te hacía ilusión. La infancia fue el mejor momento para soñar, no estábamos preocupados por lo que nos esperaba el día de mañana y no teníamos confirmadas las creencias que hoy en día nos han limitado para actuar. Pero hoy que regresas a ese momento de infancia tienes algo muy importante que antes no tenías y es experiencia, ahora ya sabes cómo puedes cumplir tus sueños, así que ve a por ellos.

Este mapa es a colores. Con imágenes, recortarás de esas revistas todo lo que pase por tu mente que esté relacionado con tu objetivo final de vida. Necesitarás una cartulina del color que quieras para pegar los recortes. Si deseas ser feliz, busca imágenes que te generen esas emociones; si deseas una casa, busca la que más te guste; si deseas viajar, pon los paisajes que quieras ver; si deseas una vida en pareja emocionalmente sana, ¡¡¡Recorta, recorta, recorta!!! Todo lo que deseas de esta vida. Recorta frases con las que te identifiques que te generen fortaleza, dale poder para que la magia del deseo y la fe empiecen a actuar sinérgicamente. Sé consciente de qué emociones te hace sentir cada uno de los recortes, esas emociones serán la gasolina para llegar a puerto. Cada vez que recortes algo visualízate ahí en ese lugar, piensa en cómo te sentirás y qué escucharás. Es muy interesante hacer esto, pues se despierta en ti el deseo de hacer, y eso es lo que queremos provocar en tu mente, que se mantenga vivo el deseo.

El *collage* será tu puerto, será ese lugar a donde quieres llegar. Cuando termines de hacerlo tienes que darle poder en tu mente y pegarlo en un lugar donde lo veas constantemente, para generar una relación con eso que deseas y así fortalecer estas nuevas neuroconexiones que acabas de construir al respecto de ti y de lo que deseas para tu vida.

Las emociones que sientas al verlo serán poderosas. Esas emociones que sientes ahí dentro de ti son una mezcla de pasión y deseo, a las cuales les vamos a poner el nombre de AMOR, esa palabra será la gasolina para el alma, ella le dará poder a tu mapa.

Hermosa palabra que libera alegría incondicional, deseos de hacer, despierta la fe y la esperanza, calma el ansia, y lo más lindo de todo es que consolida y confirma lo grande que eres cuando amas; y amar tu vida de esta manera es un regalo que en el tiempo podrás compartir, aportarás calor, serenidad, equilibrio y bienestar para ti y los demás.

Ahora vamos a crear una película de todo ello, este es el momento de la edición de la película de tu vida, así que siéntate tranquilamente y empieza a pasar cada una de las diapositivas, imagina cómo será cuando lo hayas conseguido.

Después de haberla pasado varias veces, te pido que te pongas de pie y cierres los ojos. Empieza a pasarla de delante hacia atrás. Mientras haces esto ve dando pasos hacia atrás, los pasos que des tendrán un orden, por cada recorte que tengas irás editando la película, y cada vez que entre una imagen detente para analizar qué fue lo que tuviste que hacer para conseguir el siguiente paso.

Las sensaciones vívelas como si estuvieras ahí, disfruta de ello, sintiendo cómo cada una de tus células se siente emocionada por lo que está pasando, identifica los sonidos de tu bienestar, una palabra, música de fondo, si es que la tiene, las imágenes que lleguen haz que sean grandes con mucho color y luz, deja que tu Penélope trabaje, recuerda que ella guarda toda la información que necesitas para que tú estés bien. Al terminar la visualización en retroceso, escribe todo lo que escuchaste, viste y sentiste.

Con el tiempo te sorprenderás de cómo se han ido dando las cosas.

Un día un reportero le preguntó a Barbra Streisand qué era lo que hacía para ganar todos los premios por su trabajo realizado: Oscars, Grammys, Globos de Oro, Emmys...

Ella contestó: «Cada vez que me dan un papel en una película o grabo un disco me veo recibiendo el premio, y cuando lo tengo en las manos volteo para atrás y miro todos los pasos que tuve que dar para conseguir ese premio».

Estos son algunos puertos de mis alumnos.

La magia de tu energía se transformará en una materialización de lo que está en esa cartulina.

MISIÓN DE VIDA

Vamos a darle poder a este mapa, para hacerlo necesitamos de tus cuatro valores principales, en este momento necesitamos revisar la lista de ellos para poder sacar tu misión de vida.

¿Recuerdas tus valores?

Da una interpretación a tus valores, escribe lo que te transmitan.

Para poder sacar mi misión, revisé mis valores, los más importantes, sacando de ellos una interpretación de lo que quería transmitir a las personas, y lo hice de esta manera.

Construyo en mi mente = Creatividad

Edifico con mis acciones = Compromiso

Consolido con amor = Amor

Nací para el éxito y mi mundo interno me cuida = Respeto y Libertad

Como puedes darte cuenta, cada una de las frases aquí escritas tienen un significado que para mí es importante. Existe una relación directa entre mis valores y lo que deseo transmitir a las personas.

La interpretación de lo que has leído y deseo para ti es que integres que es posible construir en tu mente, que tus acciones determinan lo que sigue en tu historia personal, que hagas las cosas desde el amor, teniendo la certeza de que naciste para triunfar y que la libertad de mente comienza en el respeto por ti.

Para darle poder a esto busqué una palabra que me recordara en todo momento mi compromiso con mi misión de vida, y **NESKA** es el resumen de lo antes escrito.

Esta palabra es mágica tiene un significado muy especial que contiene todo lo que mi mente necesita para nunca rendirse. Te sugiero que elijas la tuya, ya que esta palabra relacionará todas esas cosas maravillosas que deseas de la vida brindándote el poder de recuperar tu pasión.

El solo hecho de pronunciarla o pensarla te recordará que tienes que continuar y que no puedes parar.

Señoras y señores, esto es el teatro de la vida, en el que hay que levantar el telón todos los días. Sacar del armario el mejor traje para salir a escena y disfrutar de cada aliento como si fuera el último. Así que como me encanta hablar de ropa, maletas y esas cosas, te sugiero que hagas una limpieza de lo que ya no utilizas; de esa ropa que no te genera seguridad ni confianza.

¿Tienes en tu armario alguna prenda con la que no te sientas cómodo?

Si te pasa como a la mayoría de personas y has respondido que sí, vamos a hacer un ejercicio de renovación. ¿Verdad que ya no te quedan los pantalones que utilizabas cuando tenías diez años? Pues eso es lo que quiero que hagas, que saques de ese armario, de esa maleta, todas las cosas que ya no necesitas y que te están haciendo un caminar más lento.

Ahora sabes que si quieres puedes entrar en la autopista del bienestar emocional, y para eso necesitas ir con el menor equipaje posible.

Así que saca todas las prendas con las que no te sientas bien, saca la ropa de tristeza, hagamos espacio para que entre lo nuevo, lo fresco, lo diferente, lo loco, lo divertido.

Una vez que has sacado del armario todo lo que te genera malas emociones, vamos a etiquetar la ropa con la que te has quedado. Te parecerá una locura, sin embargo es increíble hacer esto, ya que dentro de tu mente se genera una relación de las cosas que quieres transmitir, tu mente hará una relación consciente de que es así y eso es lo que transmitirás, ponle a tu ropa nombre.

Camisas de confianza, pantalones de seguridad, cinturones de alegría, zapatos de humildad, vestidos de apertura, chaquetas de creatividad, etc. Ponle los nombres que quieras, de hecho cada uno de nosotros sabemos qué es lo que nos transmite cada pieza del armario.

Recuerda tener al ego colgado dentro del armario listo para utilizarlo cuando lo necesites, tiene que estar limpio, sin manchas de inseguridad ni desánimo. Para mantenerlo limpio es necesaria la ayuda de Penélope. Recuerda que hablarías con ella todas las mañana para que te dijera cosas positivas al respecto de ti, pues ese es el mantenimiento del ego, es su tratamiento para mantenerlo limpio, listo para utilizar en cualquier momento. Recuerda que solo te lo has de poner en situaciones que realmente merezca la pena, ya que es tan brillante y tan limpio que, si lo utilizas constantemente, puedes deslumbrar a las personas que tienes a tu lado, haciéndoles daño en los ojos y en el alma.

Si por casualidad lo llevas puesto ya, te sugiero que pruebes el traje de la humildad, ese es el mejor traje que puedes ponerte encima cada día, es el que a la mayoría de personas les encanta ver, es un traje que está hecho básicamente de una tela que se llama empatía-respeto. La tela es tan fina que se adhiere a la piel y te permite ponerte la ropa que quieras encima. Esta tela es de las más caras del mercado, ya que, para adquirirla, en ocasiones, tienes que pagar precios muy altos, pero también puedes encontrarla en otro lugar, ahí la venden al precio justo.

Si estás pagando un precio muy caro por ella, te aconsejo que la busques en la tienda del entendimiento racional. Una vez la tengas, póntela todos los días, ella mantendrá su color, su brillo, no es necesario que la laves ya que cuenta con una fibra muy especial llamada humildad. A esa tela le gusta pasar desapercibida y no se ensucia.

Ocasionalmente la actitud que tomes puede intentar mancharla, pero no te preocupes, ya que si te la pones cada día difícilmente la actitud puede hacerle daño. Una vez te la pones no te la quieres quitar, vas tan cómodo con ella que te hace brillar de una manera natural, sin resplandecer ni molestar a la gente con la que convives.

Así que, ya sabes, actitud para el mantenimiento.

TESTIMONIOS

David Giménez:

Quiero dar las gracias a Katia porque ella me enseñó que tomar decisiones es fundamental para llegar a ser feliz, que lo más importante es ser uno mismo, que aquí solo estamos una vez y que no es malo caer; lo más importante es volverse a levantar.

El camino está trazado solo para aquellas personas que no saben dónde ir.

Milagros Marco:

Qué decir de Katia, es una gran persona segura de sí misma y con ganas de que en todo momento cualquier persona que se le acerque aprenda a ser uno mismo, y para ello utiliza todos sus recursos para conseguirlo.

Un día me ofrecieron la posibilidad de acceder a uno de sus cursos de PNL. Cuando empezó a hablar se me abrió un mundo que, aunque ya sabía que estaba allí, era desconocido al mismo tiempo.

Todo era muy útil e interesante, idea tras idea, información tras información empezaban a confirmarme que ese curso estaba hecho a mi medida. Me enseñó, entre otras cosas, a cómo valorar una situación, cómo comunicarme correctamente o cómo ponerme en el sitio de la otra persona.

Me decía una y otra vez: «Qué maravilla, qué fácil, qué interesante». Todo empezaba a encajar de forma magistral, pues con unas pocas horas afloraron en mí el respeto, la empatía y la solidaridad y se afianzó mi autoestima.

Inma Almirón:

Para mí las palabras RESPETO, PERDONAR, AMAR, DISFRUTAR y, sobre todo, APRENDER de las dificultadas de la vida tienen un mejor significado. Durante mi curso de Inteligencia Emocional Neska viví muchas sensaciones y cambios de los que doy gracias. Ya que veo la cosas de otra manera, ni mejor ni peor, simplemente las vivo e intento aprender de ellas.

Aprendí que las personas hacemos las cosas como mejor sabemos, aunque a veces no signifique que estén bien. Durante el curso me pasó algo curioso: mientras nos explicaba lo importante que es perdonar, me di cuenta de que dentro de mí siempre había un enfado con mi padre (mis padres se separaron cuando yo era una adolescente y se vivió una situación bastante tensa, la cual me llevó a dejar de hablar con mi padre). Durante el curso salió el tema, y al poco tiempo tuve un sueño en el cual supe que, aunque no hablara con él, yo ya le había perdonado. Pasé mucho tiempo sin saber de él y sorprendentemente un día apareció, necesitaba hablar y sentirse perdonado, era como si lo supiera. El ver las cosas de otra manera me hizo comprender que, aunque pasara momentos muy difíciles en mi adolescencia, tenía que agradecerle que me enseñara lo que no quiero en mi vida. Me ha costado muchos años darme cuenta, pero gracias al curso pude verlo, todo pasa por algo y, aunque sean malos momentos, seguro que hay una parte buena, de todo se aprende y hay que respetar, perdonar, amar, aprender y disfrutar de cada momento.

Si realmente quieres algo, lucha por ello, ya que así lo podrás lograr. Y sobre todo aprendí a decir a las personas que quiero lo importantes que son para mí, ya que muchas veces se nos olvida y, bueno... ¿A quién no le gusta sentirse querido?

Bibiana Orte:

Tu experiencia, la sabiduría que nos brindabas, absorber a través de la práctica propia (el mejor modo para aprender, a mi parecer, puesto que uno puede sentir en su propia piel, o, mejor dicho, en su alma) fue de gran ayuda. En mi caso se trató de un reafirmamiento sobre el propio sentir y la intuición. Dotar de aún más importancia a esas sensaciones que a veces olvidamos y dedicarme más tiempo a escucharme y sentirme.

Me hizo apreciar el valor de nuestra mente y saber que yo puedo controlar mi vida, porque puedo controlar mi mente a través del trabajo con ella y de las diferentes estrategias que nos enseñó para hacerla mi aliada y no mi enemiga. He utilizado los colores, «pintar» para relajar mi mente frente a un dolor.

También he cambiado colores, sonidos, tamaños, etc., para modelar una imagen o situación.

En especial, un mal recuerdo me acechaba como un fantasma de vez en cuando, y utilicé la estrategia de darle muchas vueltas, como si estuviera centrifugando, y luego romperlo en pedacitos muy chiquititos. Desde entonces no ha vuelto a molestarme, y de algún modo me he reconciliado con ese recuerdo, dejó de doler.

Las clases fueron increíbles, las recuerdo con muchísimo cariño porque el ambiente que se respiraba era agradable y sanador.

Me alegro por ti y por haber podido expresarte lo bonitos que resultaron esos días y la repercusión que han tenido en mí.

Un beso muy grande.

Mª José:

He tenido el placer de asistir a uno de los cursos que impartes y poder conocerte; y debo decir que me he sentido muy bien en cada clase porque haces que cada persona sea parte activa de las lecciones.

Transmites muy buenas vibraciones y alegría. Creo que todo el mundo debería tener una mentalidad como la tuya para tener otra visión de la vida. A día de hoy, he aprovechado las enseñanzas obtenidas y de vez en cuando tendría que volver a hacer un pensamiento interno como los que nos enseñaste para mejorar nuestra vida. Espero volver a asistir a otros cursos o jornadas que impartes porque me servirán para seguir creciendo como persona y continuar aprendiendo.

Seguramente me quedo corta para poder explicar todo lo que me aportó el curso al que asistí.

PARA TI, DE CORAZÓN

Recuerda que tú eres el constructor de tu destino, que tu vida es la obra maestra más importante jamás realizada, eres quien con tus acciones determinará lo que sigue en tu historia personal.

El respeto será tu mejor aliado en el camino, ya que es el tesoro más grande que puedes vivir y brindar, él te regala libertad mental.

No juzga, no miente, no hace daño, no condena, simplemente te acompaña y te brinda el entendimiento racional.

Para él todo es circunstancial y nada es absoluto, despierta en ti el valor de la paciencia y la constancia para no rendirte ante pequeñas circunstancias. Resguarda tu integridad como individuo manteniendo a salvo tu poder personal.

Te regala el beneficio de la duda, apoyando tus creencias, y, si tienes que cambiarlas, lo hace sin reclamos, solo entiende, es solidario, camina a tu lado, y lo más maravilloso es que nadie te lo puede quitar, es tuyo, te pertenece; puedes elegir compartirlo, y cuando lo haces condiciona tus resultados al éxito.

La gente que ha marcado la historia de la humanidad es porque tuvieron grandes sueños y creyeron que era posible, no tengas dudas de que quien eres deja huella.

Después de este precioso momento compartido en el tiempo, solo puedo desearte que tu vida se llene de cosas positivas.

Ha sido un placer haber podido caminar contigo, deseando que puedas disfrutar de los resultados de esta linda aventura en la que hemos andado.

Recuerda, caminante: «Se hace camino al andar».

Recibe un fuerte abrazo de corazón y una sonrisa de esperanza.

-NESKA-

ÍNDICE